불교의 공동체윤리

불교의 공동체윤리

윤영해 지음

불교시대사

머리말

 불교의 이념이 지혜와 자비라는 주장에는 이견이 없습니다. 이것은 거의 모든 불자들이 '상구보리 하화중생(上求菩提 下化衆生)'을 보편이념으로 받들어 온 데서도 잘 드러납니다. 그러나 이러한 이념과 달리 불교의 역사와 현실은 자비의 실천을 등한시하고 지혜의 성취에만 치중해 왔음을 부인하기 어렵습니다.

 지혜가 개인의 차원에서 이루어지는 것이라면 자비는 그 지혜가 공동체의 차원에서 구사되는 것입니다. 지혜의 성취, 즉 깨달음이란 개인의 차원에서 이루어집니다. 깨달음은 일단 개인의 일이며 공동체적 현상일 수가 없습니다. 따라서 불교가 그 이념과 달리 공동체의 삶에 무관심하다는 비난은 아직까지 불자들의 부담으로 남아 있습니다.

 인간은 필연적으로 사회적 존재, 즉 공동체적 존재일 수밖에 없습니다. 본질적으로 개인적 인간이란 존재할 수 없으며 인간은 궁극적으로 사회적 존재일 수밖에 없다면,

불교는 지혜보다 오히려 자비를 더 궁극적으로 여겨야 할지도 모릅니다. 만일 불교가 공동체의 삶에 무관심하여 자비의 실천을 등한시한다면 불교 역시 세상으로부터 외면 당할 것입니다.

필자는 불교가 공동체의 삶에 대해 제시하는 지침들에 관해서 관심을 갖고 있었습니다. 아직 소박한 수준이지만 그간 눈에 뜨이는 대로 개인이 아닌 공동체의 삶을 위한 행동지침들을 채집하여 가정, 경제, 사회, 승가의 범주로 엮어 보았습니다.

이 책은 불교가 공동체의 삶을 위한 지침, 즉 공동체적 윤리에 대해서도 결코 무관심하지 않았다는 필자 자신의 위안을 위한 것이며, 불교가 자비의 실천을 등한시하면 안 된다는 필자 자신의 신앙고백이기도 합니다.

2003. 5. 21. 윤영해 謹識.

목 차

머리말 ·· 5

Ⅰ. 불교의 가정윤리 ·· 9

  1. 온 세상의 터전이 되는 가정 공동체 ············ 11
    1) 가정 공동체윤리 ·· 11
    2) 부모와 자식 ·· 24
    3) 아내와 남편의 윤리 ······································ 35

Ⅱ. 불교의 경제윤리 ·· 45

  1. 불교의 경제윤리 ·· 47
  2. 부처님께서 가르쳐주신 가난 극복의 지혜 ········ 60
  3. 부자가 되는 부처님의 가르침 ······················ 68

Ⅲ. 불교의 사회윤리 ·· 77

  1. 정우군과 유마경의 말씀 ································ 79
  2. 용서의 윤리 ·· 86

Ⅳ. 승가 공동체의 윤리·· 95

  1. 승가의 정신·· 97
  2. 무소유와 무집착의 생활··· 108

I. 불교의 공동체윤리

1. 온 세상의 터전이 되는 가정 공동체

1) 가정 공동체윤리

이 세상에는 없어서는 안 될 많은 것들이 있습니다. 정치도 중요하고, 경제도 중요하며, 법률도 중요합니다. 그렇지만 무엇보다도 중요한 것은 가정입니다. 우리 인간사회는 가정이라는 기초 공동체를 바탕으로 해서 존재합니다. 그러므로 가정 공동체는 인간사회의 모든 공동체들 가운데 가장 중요한 공동체입니다.

가정은 "결혼으로 맺어진 사람과 그들의 피를 나눈 피붙이들이 함께 모여사는 장소"를 뜻합니다. 즉 가정이란 이 세상에서 가장 친밀한 사람들이 서로 함께 모여서 공동생활을 하는 장소를 말하는 것입니다. 우리 인간, 즉 사람은 혼자서 살 수 없는 존재입니다. 그래서 사람을 뜻하는 한 자어 '人' 자는 두 사람이 서로 의지하고 기대어 있는 모습을 그린 것이라고 합니다. 실제로 이 세상에서 혼자서 살 수 있는 사람은 결코 없습니다. 사람은 절대로 혼자서 살 수 없습니다. 만일 어떤 사람이 태어나자 마자 숲속에 버려져서 혼자서 살 수밖에 없었다면, 그는 사람이라고 할 수 없습니다. 그는 그저 하나의 동물적 존재에 불과할 것입니다. 인간의 의식주, 즉 먹고 입고 자고 하는 문제는 혼자서 해결하기 어렵습니다. 의식주의 문제는 서로의 도움을 합치지 않으면 아주 어려운 문제가 됩니다.

이러한 가정은 이 세상을 이루는 최소한의 기초 공동체가 됩니다. 그런 뜻에서 가정은 이 사회를 이루는 뿌리입니다. 가정이 없이는 인간 사회가 이루어질 수 없다는 뜻입니다. 이처럼 가정은 인간 세상의 토대이자 뿌리입니다. 이런 뜻에서 가정은 무엇보다도 중요하지 않을 수 없습니다. 따라서 가정이 행복하면 사회가 행복하고, 사회가 행복하면 국가가 행복하며, 국가가 행복하면 세상이 행복한 것입니다. 가정이 불안한데도 사회가 행복할 수는 없으며, 사회가 불안한데도 국가가 행복할 수는 없으며, 국가가 불행한데도 세상이 행복할 수는 없는 것입니다.

그러나 가정에 대한 이러한 물리적인 개념보다는 기능적인 개념이 더 중요합니다. 가정의 기능은 무엇보다도 휴식의 공간입니다. 현대 산업사회의 본질은 경쟁입니다. 산업사회는 끝없는 경쟁을 본성으로 합니다. 따라서 이 극한 경쟁의 산업사회를 살아가는 사람들은 누구나 지쳐 있습니다. 물려 받은 재산이 많은 자본가가 아닌 한 산업사회의 사람들은 극도로 피곤합니다. 피로는 그때 그때 회복되어야만 합니다. 만일 피로가 그때 그때 회복되지 않고 쌓이게 되면 그것은 깊은 병이 되고 맙니다. 피로를 풀지 못하는 사람은 지치게 마련이고 지친 사람은 경쟁에서 질 수 밖에 없습니다. 그러므로 피로를 푸는 곳으로서의 가정은 참으로 중요하다고 하지 않을 수 없습니다.

한편, 가정은 에너지 재충전의 장소입니다. 사람의 에너지는 한계가 있습니다. 에너지는 쓰는 대로 계속 솟아나는 것이 아닙니다. 소모되면 그만큼 재충전을 해야만 합니다. 우리가 밧데리를 쓸 경우 쓴만큼 다시 충전해 두어야 계속 쓸 수 있는 것처럼 사람도 에너지를 쓴만큼 충전해 주어야 합니다. 쓰기만 하고 충전하지 않으면 밧데리는 사용할 수 없게 됩니다. 사람도 마찬가지입니다. 가정에서 에너지를 재충전하지 않으면 에너지는 결국 모두 소모되어 버릴 것이고 그런 사람은 경쟁적 산업사회에서 끝까지 살아남을 수 없습니다. 그래서 가정은 참으로 중요하다고 하지 않을 수 없습니다.

아마도 이처럼 가정이 피로를 풀고 에너지를 재충전하는 곳이라는 데에 이의를 달 사람은 아무도 없을 것입니다. 그러나 모든 가정이 다 저절로 이러한 역할과 기능을 할 수 있는 것은 아닙니다. 어떤 가정은 성공적으로 원만하게 이러한 기능을 잘 수행하는가 하면 어떤 가정은 이러한 기능을 전혀 수행하지 못하기도 합니다. 만일 어떤 가정이 이러한 역할과 기능을 제대로 잘 수행하고 있다면 그 가정은 일단 기본 점수를 받았다고 할 수 있습니다. 원만하고 행복한 가정으로서의 기본을 갖추었다고 할 수 있다는 것입니다. 그러나 만일 어떤 가정이 이러한 기능을 제대로 수행하지 못한다면 기본적으로 행복하기 어려울 것입니다.

세상이 행복하려면 국가가 행복해야 하고, 국가가 행복하려면 사회가 행복해야 하며, 사회가 행복하려면 가정이 행복해야 한다고 했습니다. 가정이 행복하려면 이러한 기본적인 역할과 기능 위에서 또 하나의 중요한 조건이 필요합니다. 그것은 다름아닌 화목과 화합입니다. 가정은 절대적으로 화목해야만 합니다. 화목하지 못한 가정은 절대로 행복할 수가 없습니다. 이것은 제가 따로 말씀드리지 않더라도 여러분들이 먼저 더 잘 느끼고 계실겁니다. 그러니 가정이 화목해야 한다는 것은 더 이상 말씀드릴 필요는 없을 것 같습니다. 다만 가정이 화목하려면 어떻게 해야하나 하는 것을 여러분들과 같이 생각해 보고 싶습니다.

자, 가정이 화목하려면 어떻게 해야 하겠습니까? 가정이 화목하려면 무엇이 필요하다고 생각하십니까? 아마도 화목한 가정을 위해서 필요한 것은 한두 가지가 아닐 것입니다. 가정의 화목을 위해서 가장 필요한 것은 무엇보다도 먼저 가족 구성원들 모두가 자신의 일에 성실해야만 합니다. 가장(家長)은 자신의 직업에 성실해야 하고, 주부는 가사에 성실해야 하며, 아이들은 학업에 성실해야 할 것입니다. 가장이 바람이나 피우면서 자신의 일에 성실하지 않거나, 주부가 가사를 대충 대충 게을리하고 낭비가 심하거나, 아이들이 공부를 게을리하고 나쁜 길로 빠지면 그 가정은 결코 행복할 수 없습니다. 가정의 화목은 가족 구성원들이 자신의 맡은 바 직분을 성실하게 수행하는 데서 비롯됩니다.

둘째, 가정이 화목하려면 가족들 서로가 서로를 존중해주어야 합니다. 사실 예전의 가정은 가부장(家父長) 중심의 가정이었습니다. 가부장 중심의 가정에서는 가부장 한 사람만이 절대적인 존중을 받고 다른 가족들은 가부장에게 예속되어 있는 상태였습니다. 절대적인 존경은 오로지 한 사람에게로만 집중되었습니다. 즉 전통적인 가정은 아랫사람은 윗사람에게 그리고 여자는 남자에게 절대적으로 복종하는 지배와 복종의 관계 혹은 예속적 관계였습니다. 그러나 언제까지나 그렇게 할 수는 없습니다. 이제 가족 구성원들은 서로가 서로를 모두 존중해주는 그런 관계여야 합니다.

그러나 우리는 여기서 한 가지 유의해야만 할 점이 있습니다. 서로가 서로를, 즉 윗사람도 아랫사람을 존중해야 하며 남자도 여자를 존중해야 한다는 것이 잘못 전도되면 안된다는 점입니다. 요즈음은 이런 주장이 잘못 전도되어 어른들보다도 아이들이 가정의 중심인 듯한 가정이 많다고 들었습니다. 어른들이 오히려 소외되고 아이들이 가정의 주인인 듯한 가정이 많습니다. 참 보기에 좋지 않습니다. 그건 아주 잘못된 것입니다. 만일 여러분들의 가정이 그런 가정이라면 반성해야만 합니다.

사람들은 조금 잘살게 되면 못살던 시절의 한풀이를 하고 싶어진다고 합니다. 못 먹고 못 입고 고생하던 시절의 가슴깊이 맺힌 한을 마음껏 풀어보고 싶은 것입니다. 그런데 이 한풀이를 어떻게 하느냐 하면, 자식을 통해서 하고자 한다는 것입니다. 자신은 어린 시절에 먹고 싶은 것 다 못 먹고, 입고 싶은 것 다 못 입고, 하고 싶은 것 다 못했지만 자기 자식에게만은 이것을 다 해주고 싶다는 것입니다. 자기는 어렵게 컸지만 자식만은 남부럽지 않게 해주면서 키우고 싶다는 것입니다.

사실 자식한테 잘해주고 싶은 것은 부모로서는 당연한 심정입니다. 이 세상의 어느 부모가 자식에게 잘해주고 싶지 않겠습니까? 자식에게 잘해주는 것은 너무나 당연하고 또한 잘해주어야만 마땅한 것입니다. 그러나 그 방법이 문제입니다. 자식에게 잘해주는 것은 당연하지만 과연 어떻게 해주는 것이 과연 잘해주는 것이냐 하는 것이 문제인 것입니다. 어린 시절에 물질적인 궁핍 속에 살아온 지금의 부모 세대들은 가난히게 살아온 것이 한이 되어 어떻게든 물질적으로 풍요롭게 해주는 것이 자식들에게 잘해주는 것이라고 생각하기 쉽습니다. 물론입니다. 물질적으로 넉넉하고 풍족하게 해주는 것은 분명 자식들에게 잘해주는 것입니다. 먹고 싶은 것 못 먹이고 입고 싶은 것 못 입히고 하고 싶은 것 못해주고 아이들에게 잘해주었다고 할 수는 없습니다.

그런데 문제는 물질적인 풍족함은 넘치면 오히려 부족함만 못하다는 것입니다. 물질적으로 부족하고 가난하면 그것도 사람을 궁하게 만들고 넉넉한 인격을 이루지 못하게 하지만 그 폐해는 그렇게 심하지 않습니다. 넉넉하지 못한 궁한 환경에서는 훌륭한 인격자나 위인이 얼마든지 나올 수 있지만, 물질적 풍족함이 넘쳐서 절제가 없는 환경에서는 절대 훌륭한 인격자나 위인이 나올 수 없다는 것입니다. 물질이 지나치게 풍족하고 낭비되는 가정은 반드시 부패하고 타락하기 쉽다는 것입니다. 너무 궁핍하고 가난해도 가정이 행복하기 어렵습니다. 그러나 물질이 지나치게 풍족하고 낭비되는 가정도 행복하기 어렵습니다. 이것은 여러분들이 직접 경험하셨을 것입니다. 어렵기는 해도 없을 때에 가정이 더 행복했다는 소리를 자주 듣습니다. 없을 때는 풍요로운 가정을 만들기 위해서 가족들이 서로 합심해서 노력을 합니다. 그러나 풍요가 넘치게 되면 마음이 헤이해지고 각자 딴 마음을 품기 쉽습니다. 가난할 때는 부부간에 서로 화목하고 일심으로 살았었는데 가정이 물질적으로 넉넉해지면서부터 남자는 바람을 피우고 여자는 가정을 소홀히 하고 낭비를 일삼아서, 결국 가정에 불화가 생기고 파탄의 지경까지 이르는 경우를 많이 봅니다. 그러므로 행복한 가정이 되기 위해서는 물질적으로 너무 지나치게 넘치도록 풍족한 생활을 해서는 안됩니다. 적당하게 절약하고 남는 것은 남에게 베풀고 사회에 환원하는 가치관과 자세를 지켜야 합니다. 그것이 나의 가정을 화목하고 행복하게 유지할 수 있는 비결입니다.

이러한 가치관과 자세는 특히 자라나는 아이들에게 절실하게 필요합니다. 아이들에게 지나치게 넉넉한 물질적 생활을 하게 하는 것은 백해무익합니다. 그것은 아이들에게 해가 되면 되었지 결코 덕이 되지 않습니다. 자신이 가난하게 살았던 시절의 한풀이는 될지 몰라도 결국 아이들에게는 독이 되어 아이들을 망치고 맙니다. 아이들에게 좋은 옷 사입히고 차도 사주고 해외여행도 시켜주고 하면서 "나는 아이들에게 이렇게 해줄 수 있다."고 하면서 남들에게 자신의 성공을 과시할 수는 있겠지만, 그것은 결국 아이들을 망치는 지름길이 되고 맙니다. 그리고 그렇게 살아가는 아이들은 자생력이 없습니다. 그런 아이들은 부모의 그늘 밑에서 무한정의 보호를 받고 있을 때는 아무 문제가 없는 듯이 보입니다. 그러나 그 아이들이 부모의 곁을 떠나게 되면 세상을 전혀 제힘으로 살아가지 못합니다. 그런 아이들은 스스로 자신을 지켜나가지 못합니다. 물질적 풍요는 순식간에 사라질 수 있는 것입니다. 돈은 모으기는 어렵지만 쓰기는 너무나 쉬운 것입니다. 돈을 모으는 데는 엄청난 고통이 뒤따르지만 그러나 돈을 쓰는 재미는 이 세상에서 재일 좋은 것입니다. 그런데 모으는 고통, 절약하는 고통을 모른 채 쓰는 재미만 안다면 결국 돈은 떨어지고 맙니다. 그랬을 때 절제와 절약을 배우지 못한 아이들은 결국 무너지고 맙니다. 그래서 성인들은 아이들에게 고기를 잡아주지 말고 고기잡는 방법을 가르쳐 주라는 말로 이런 것을 훈계했습니다. 고기는 오래 간직하기 어렵습니다. 금방 상하기 쉽습니다. 이는 돈은 간직하기 어렵고 또 있으면 타락하기 쉽다는 것을 경계한 것입니다. 그러므로 애써 돈을 버는 방법을 모른다면 아주 위험한 것입니다. 그러나 힘들여서 돈을 버는 방법과 절제하며 사는 자세를 가지고 있으면 결코 타락하거나 망하는 법이 없는 것입니다. 자식들에게 이렇게 가르치는 가정은 절대 무너지지 않습니다. 그러나 그렇지 못한 가정은 결국 화목하고 행복할 수 없습니다.

가정이 깨어지면 사회가 불안합니다. 지금 우리 사회에 많은 불행한 사람들이 있고 많은 범죄자들이 있습니다. 사회의 불행과 범죄는 모두 가정에서부터 비롯됩니다. 거의 모든 범죄자들이 결손 가정 출신이라는 것은 이미 널리 알려진 사실입니다. 그래서 가정이 행복해야 건전하고 행복한 사회가 있는 것입니다. 화목하고 행복한 가정이 없이 행복한 사회는 있을 수 없습니다. 행복한 가정이 없이 행복한 세상은 없는 것입니다.

부모로부터 일방적인 후원만을 받고 자란 아이들은 자생력이 없다고 했습니다. 또한 그런 아이들의 문제는 은혜를 모르게 된다는 것입니다. 일방적으로 넉넉한 후원을 받기만 하고 자란 아이들은 은혜를 모릅니다. 얼핏 생각하면 많이 받은 사람이 많은 은혜를 느낄 것 같습니다. 그러나 그렇지가 않습니다. 받기만 한 사람들은 결코 남의 은혜를 모릅니다. 남의 은혜는 베풀어 본 사람만이 알 수 있습니다. 베풀어 본 사람만이 베풂의 어려움을 알 수 있고 베풂의 어려움을 알아야 그것의 고마움을 알 수 있는 것입니다. 그래서 아이들에게 일방적인 후원만을 할 것이 아니라 남에게 베풀고 남을 위해 희생할 줄 아는 태도를 가르쳐야만 합니다. 그래야 은혜를 아는 사람이 되는 것입니다. 남에게 베풀기 위해서는 자기 자신이 가진 것이 있어야 합니다. 어떤 부모들은 남에게 베푸는 자세를 가르치라고 하니까 아이들에게 돈을 주어서 남에게 주라고 합니다. 참 우스운 일입니다. 남에게 주는 것은 자기 것을 주라는 것입니다. 부모에게 받아서 남에게 주는 것은 주는 것이 아닙니다. 전달하는 것이지요. 남에게 줄 수 있으려면 자기 것이 있어야 합니다. 자기 것이 없는 사람은 결코 남에게 베풀 수 없습니다. 아이들에게 남에게 베푸는 법을 가르치기 위해서는 스스로 버는 법을 먼저 가르쳐야 합니다. 신문을 돌리든지 심부름을 하든지 아르바이트를 하든지 해서 버는 법을 가르쳐야 합니다. 그런 다음에 자신이 애써 번 것을 남에게 내어줄 수 있는 경험을 하게 해주어야 합니다. 그래야만 받는 것이 얼마나 고마운 것인지를 깨닫게 될 것입니다. 그래야만 부모의 은혜와 가족들의 은혜를 알게 될 것입니다. 그래야만 이 세상의 고마움을 알게 될 것입니다.

그런데 참으로 놀라운 것은 지금부터 입니다. 우리는 흔히 남에게 베푸는 것은 어렵고 어려운 일을 하는 것은 고통이라고 생각합니다. 남에게 베푸는 것보다 남에게 받는 것이 훨씬 쉽기 때문에 그것은 즐겁고 행복한 것이라고 여기기 쉽습니다. 그러나 실제는 그렇지 않습니다. 그렇게 생각하는 사람이 있다면 그것은 착각이며 잘못된 생각입니다. 그것은 생각일 뿐 실제는 그렇지 않습니다. 남에게 베푸는 경험을 해본 사람은, 즉 자신에게 아주 소중한 것들을 남에게 내어 줘 본 경험이 있는 사람들은 그것이 고통이 아니라 기쁨이라는 것을 알게 됩니다. 이것은 참으로 경험한 사람들만이 알 수 있는 모순이자 아이러니입니다. 우리는 받는 것을 기쁨과 행복으로 알기 쉽지만 실제는 받는 것은 고통이고 주는 것이 기쁨입니다. 이것은 아주 분명하고 명백한 사실입니다.

자, 여기 일생동안 남에게 받기만 한 사람과 주면서 살아온 사람이 있다고 합시다. 평생 남에게 줄줄은 모르고 끌어모으기만 해서 재산이 많은 사람과 한 푼 두 푼 모으면서도 남에게 베풀면서 살아왔고 또한 그렇게 모은 재산을 학교를 위해서, 어려운 사람들을 위해서 선뜻 내놓는 사람이 있다고 합시다. 우리는 실제로 그런 사람들을 아주 쉽게 접할 수 있습니다. 그런 사람들은 의외로 많습니다. 그런데 그런 두 사람 중에서 누가 더 많은 행복을 느끼겠습니까? 누가 더 자신과 자신의 일생에 대해 행복을 느끼겠습니까? 그것을 짐작하기가 그렇게 어렵지 않을 것입니다.

우리는 자신을 위해서 살 때보다 남을 위해서 살 때 더 큰 행복을 느낄 수 있습니다. 인간은 자기를 위하면 위할수록 불행을 느끼고 남을 위해서 살면 살수록 행복을 느낀다고 합니다. 참으로 모순된 일이지요. 이것이 부처님의 가르침입니다. 부처님의 가르침은 남과 세상을 위해서 자신을 헌신함으로써 행복을 누리라는 것입니다. 자신을 위하는 이기심으로 세상을 살면 자신은 물론이요 세상도 불행해지지만, 남과 세상을 위하는 이타심으로 살면 자신은 물론이요 세상이 행복해진다고 했습니다. 가정도 그렇습니다. 자기가 아닌 가족을 위해서 살면서 거기서 행복을 느끼는 것입니다. 그러나 잊어서는 안될 것은 자식들에게 일방적인 후원만을 일삼아서는 안된다는 것입니다. 자식들에게 험한 세상에서 스스로 홀로 설 수 있는 자생력을 길러주기 위해서는 절제하는 생활이 필요합니다. 또한 세상을 행복하게 살아갈 수 있도록 하기 위해서는 이기심이 아닌 이타심을 길러주어야 한다는 것입니다. 그러기 위해서는 자신의 것을 남에게 기꺼이 내어줄 줄 아는 사람으로 키워야 한다는 것입니다. 또한 자신의 것을 남에게 내어줄 줄 아는 사람이 되기 위해서는 스스로의 노력을 통해서 이루어 낸 것을 남에게 주어야 한다는 것입니다. 남에게 주는 것까지 부모가 챙겨 주어서는 안되는 것입니다.

행복한 가정을 만들기 위해서는 무엇보다도 주부들의 역할이 중요합니다. 가정의 중심은 아이들이 아니라 부모입니다. 그 부모 중에서도 어머니와 주부의 역할이 가장 중요합니다. 가정을 행복하게 꾸미느냐 불행하게 만드느

냐는 여러분 어머니와 주부들의 손에 달려 있습니다. 행복한 가정이 행복한 세상을 만든다고 한다면 결국 행복한 세상은 여러분들 어머니와 주부들이 만들어 가는 것입니다.

2) 부모와 자식

《싱갈라경》의 가르침

《싱갈라경》이라고 하면 여러분들에게는 좀 생소하게 들릴 것입니다. 그러나 이 경전은 아주 유명한 경전입니다. 《선생경(善生經)》 혹은 《육방예경(六方禮經)》이라고 하면 혹시 들은 적이 있을지도 모르겠습니다. 《선생경》이나 《육방예경》은 한문 경전인데 팔리어로 된 《싱갈라경》을 번역한 것입니다. 물론 팔리어 경전인 《싱갈라경》이 부처님의 육성에 가장 가까운 경전입니다. 한문 경전들을 팔리어 경전인 《싱갈라경》에 비교하여 보면 본래 없던 여러 가지 말들이 첨가되거나 바뀌어 있는 것을 알 수 있습니다. 저는 부처님의 육성에 가장 가까운 《싱갈라경》의 내용에 의거하여 말씀을 드리고자 합니다.

먼저 싱갈라(Singala)라는 말은 부처님께서 활동하시던 당시 어떤 인도 청년의 이름입니다. 우리들 이름에도 뜻이 있듯이 싱갈라라는 말의 뜻은 선생(善生), 즉 '아주 잘 태어났다'는 뜻입니다.

어느 날 아침 부처님께서 라자가하(王舍城)에 탁발을 나가셨습니다. 그런데 어떤 젊은이 하나가 동서남북상하의 여섯 방향을 향해서 끊임없이 절을 하고 있는 것을 보았습니다. 처음에는 무심코 지나쳤지만 매일 아침마다 동서남북상하의 여섯 방향을 향해서 지극정성으로 절을 하는 것을 보고, 부처님께서 그 젊은이에게 다기가 물었습니다.

"젊은이여, 그대는 무엇 때문에 아침마다 동서남북상하의 여섯 방향을 향해서 그토록 지극정성으로 절을 하는가?"

그러자 젊은이는 공손하게 대답했습니다.

"저희 아버님께서 돌아가실 때 '동서남북상하의 여섯 방향을 향해서 매일 아침 지극정성으로 예배를 하라. 그러면 이 세상 모든 곳에 계시는 신들이 너를 보호하고 도와주리라' 라고 당부하셨습니다. 그래서 저는 아버님의 이 유언에 따라서 매일 아침 여섯 방향을 향해서 예배를 올리는 것입니다."

이 청년은 당시 인도에서 가장 세력이 강했던 종교인 바라문교의 신자였던 것입니다. 일반적으로 신앙생활을 하는 모든 사람들이 그러하듯이 바라문교 신자인 이 싱갈라라는 청년도 신에게 예배하고 기도함으로써 신의 은혜와 은총을 입고자 하였던 것입니다. 신의 은총을 입어서 행복을 누리고자 했던 것입니다. 신을 의지하고 믿으면 은총을 받을 수 있고, 그리하면 행복해질 수 있다고 생각했던 것입니다. 그래서 하루의 생활을 시작하는 아침마다 세상에 있는 모든 신들에게 빠짐없이 예배하기 위해서 동서남북상하의 온 세상을 향해 지극정성으로 절을 했던 것입니다. 우리 불자들 중에서도 이와 같은 신앙태도를 지닌 사람들이 없지 않습니다. 오로지 부처님의 은총과 가피를 얻어서 행복을 누리겠다고 생각하는 불자들이 적지 않은 걸로 알고 있습니다. 그러나 부처님의 가르침은 그렇지 않습니다. 부처님께서 '너희들이 부처인 나에게 예배하고 기도한다면 해탈과 행복을 누릴 수 있다'고 하신 적은 단 한 번도 없습니다. 이에 대한 부처님의 가르침이 아주 잘 나타나고 있는 곳이 바로 이 《싱갈라경》의 내용입니다.

불자의 신앙과 예배대상

부처님께서는 '신들에게 예배함으로써 이 세상의 은총과 행복을 누릴 것'으로 믿는 싱갈라에게 올바른 가르침을 베풀기로 결정했습니다. 그리고 아버지의 유언을 철저하게 지키는 싱갈라의 효심을 존중하고 꺾지 않기로 했습니다. 싱갈라 부친의 가르침이 옳은 것은 아니었지만 그의 아버지를 세워주면서도 옳지 않다고 단정짓지 않고, 싱갈라를 올바른 가르침으로 이끌고자 하였습니다. 이것이 부처님의 지혜이며 자비입니다. 부처님께서는 항상 지혜와 자비로 제자들을 가르치셨던 것입니다.

"싱갈라여, 그대의 부친이 동쪽을 향해 절하라고 한 것은 동쪽이 부모님을 가리키기 때문이다. 서쪽을 향해 절하라고 한 것은 서쪽이 아내를 가리키기 때문이다. 이와 마찬가지로 남쪽은 스승을 가리키고, 북쪽은 가족을 가리킨다. 위쪽은 윗사람을 가리키며 아래쪽은 아랫사람을 가리킨다. 따라서 그대의 부친이 동서남북상하를 향해서 예배하라고 한 것은 부모와 아내와 스승과 가족과 윗사람과 아랫사람을 향해서 예배하라고 한 것이다. 그러므로 그대는 이 모든 사람들을 잘 받들어 모시며 올바른 관계를 가져야 하는 것이다."

부처님의 가르침을 한마디로 말하자면, 우리들이 행복하기 위해서는 신들을 받들어 모실 것이 아니라, 우리들과 가장 밀접한 관계에 있는 여섯 부류의 사람들을 잘 받들어 모시고 올바른 관계를 가져야 한다는 것입니다. 저는 평소에 이런 점이 부처님의 여러 가지 위대하신 점 중에서도 참으로 위대하신 점이라고 생각해 왔습니다.

부처님께서는 단 한 번도 신에게 예배하라고 한 적이 없으며 또한 자신에게 예배하라고 한 적도 없습니다. 그리고 자신을 신이나 혹은 신과 같은 존재로 암시하거나 말한 적도 없습니다. 부처님과 달리 예수는 자신을 신이요, 진리요, 구세주라고 선포했습니다. 그리고 자신을 믿고 따르면 구원이 있고 그렇지 않으면 죽음뿐이라고 선언했습니다.

그러나 부처님께서는 오히려 나에게 예배해봐야 아무 소용이 없다고 하셨습니다. 오히려 진리에 따라 스스로 실천해야만 행복한 삶을 누릴 수 있다고 하셨습니다. 부처님은 부처님 당신은 진리가 아니라 단지 진리를 가르쳐줄 뿐이라고 하셨습니다. 부처님께서는 자신은 목마른 자를 물있는 곳으로 인도하는 안내자와 같다고 말씀하셨습니다. 물을 마시고 안 마시고는 목마른 사람 본인에게 달려 있다고 하신 것입니다.

우리는 명심해야 합니다. 행복은 부처님께서 주시는 것이 아니라 우리가 스스로 만드는 것입니다. 불행도 마찬가지입니다. 불행도 나 이외의 다른 존재가 가져다주는 것이 아닙니다. 행복도 불행도 자기 스스로 만드는 것입니다. 부처님께서는 우리 인간의 행복은 우리 주변의 여섯 부류의 사람들과의 관계를 올바르게 만들어 가는 데서 찾을 수 있다고 하셨습니다. 이 여섯 부류의 사람들과의 올바른 관계에 대해서 자세하게 설명한 것이 바로《싱갈라경》입니다.

부모와 자식의 관계

그러면 먼저 부모와 자식 사이에 해야 할 태도와 일들에 대해서 살펴보기로 합시다. 유교에서는 부모와 자식의 관계를 말할 때, 자식이 부모에게 해야 할 일들에 대해서 강조를 합니다. 그러나 부처님께서는 부모가 자식에게 해야 할 일들을 더욱 강조합니다. 왜냐하면 자식은 부모의 거울이기 때문입니다. 부모의 모습이 그대로 고스란히 반영된 것이 바로 자식입니다. 자식은 부모를 그대로 닮습니다. 외모뿐만 아니라 성격과 습관 등 모든 것을 부모로부터 배웁니다. 사회학적으로 고찰해보더라도 문제아(問題兒)들은 모두 결손가정의 문제부모가 있는 가정으로부터 생겨난다고 합니다.

그래서 부모와 자식의 관계에서 먼저 중요한 것은 부모를 향한 자식의 역할이 아니라 자식을 향한 부모의 역할입니다. 사회적으로도 마찬가지입니다. 우리가 요즈음의 청소년들에 대해서 개탄과 탄식을 많이 합니다만, 먼저 잘못된 것은 기성사회의 성인들입니다. 청소년들은 기성

사회 성인들의 거울입니다. 요즈음의 청소년들이 타락하고 잘못되었다면 그들이 그것을 어디에서 배웠겠습니까? 타락하고 잘못된 성인들을 보고 배운 것임에 틀림없습니다. 따라서 부모와 자식의 관계에서 중요한 것은 부모의 역할입니다.

첫째, 부처님께서는 "부모는 자식에게 도덕적으로 모범을 보여야 한다."고 말씀하셨습니다.

부모는 자식 앞에서 절대 나쁜 행동이나 타락한 모습을 보여서는 안된다고 하셨습니다. '나는 바담 풍이라고 하더라도 너는 바람 풍이라고 해라'는 식은 자식에게는 절대 통하지 않는 말입니다. 아이들과 함께 타고 가는 자동차로 교통법규를 마구 어기고 단속을 당해 보십시오. 아이들도 나중에 반드시 교통법규를 어기고 단속을 당하게 될 것입니다. 부모가 바람피우는 것을 보고 자란 아이들은 꼭 그런 삶을 산다고 합니다.

또한 중요한 것은 속으로는 도덕적으로 타락한 삶을 살면서 아이들이 보는 데서만 안 그런 척하려고 하는 사람들이 많은데, 아이들은 부모가 사는 태도를 먼저 압니다. 어릴 때는 모르는 것 같지만 크면서 저절로 알게 됩니다. 그리고 부모의 삶의 태도는 아이들의 심성 속에 자신도 모르는 사이에 안개에 옷이 젖듯이 촉촉이 젖어드는 것입니다.

그러니 부모는 자식에게 도덕적으로 철저하게 모범이 되는 삶을 살아야 합니다. 그리고 아이들이 사회에 나아가 잘못된 것을 배워서 잘못된 행동을 할 때는 반드시 따끔하게 꾸짖어서 바로 잡아 주어야 한다고 하셨습니다. 아이들의 잘못된 행동을 보고서도 그저 용서하고 넘어가는 것은 올바른 사랑이 아니라고 하셨습니다.

둘째, 부처님께서는 "부모는 자식에게 남을 도우면서 사는 삶의 태도를 가르쳐야 한다."고 말씀하셨습니다.

사람들은 보통 자신의 안락과 명예를 위해서 아이들에게 출세를 하고 성공을 하라고 가르칩니다. 그러나 부처님께서는 성공을 하고자 하는 것은 자신을 위해서가 아니라 세상에 헌신하기 위해서 해야 한다고 하셨습니다. 세상에 헌신하기 위해서 성공하고자 하는 사람은 자신의 성공을 위해서 남을 해치지 않을 것입니다. 이 세상 사람들이 성공을 위해서 물불을 가리지 않는 것은 세상에 헌신하기 위해서가 아니라 자신의 안락을 위해서 성공하려 하기 때문입니다.

부모가 먼저 어려운 사람들을 돕고 세상을 위해 헌신하는 삶을 보여 줄 때 자식도 자연스럽게 부모를 따라 배울 것입니다.

중요한 것은 자신의 안락을 위해서 사는 것보다 세상에 헌신하기 위해서 사는 것이 행복으로 가는 지름길이라는 사실입니다. 이것을 깨닫는 것이 지혜이며, 이렇게 사는 것이 부처님의 가르침을 따라서 사는 불제자의 길입니다. 그러나 어리석은 사람은 이것을 깨닫지 못하고 자신의 이익과 안락만을 위해서 달려갑니다. 이런 사람들에게는 결코 영원하고 절대적이고 완전한 행복이란 있을 수 없습니다.

셋째, 부처님께서는 "적성에 맞는 생업수단을 갖도록 도와주어야 한다."고 말씀하셨습니다.

이 세상에서 가장 불행한 사람은 할 일이 없는 사람이라고 합니다. 매양 일을 해야 하는 사람은 노는 것이 부러울 수 있지만, 매양 놀아야 하는 사람은 일을 할 수 있는 사람이 부러운 법입니다. 요즈음 IMF 시대를 맞아서 실업자가 150만 명에 이르렀습니다. 일을 할 수 없게 된 사람들이 스스로 목숨을 끊고 죄없는 가족과 함께 동반자살을 하는 경우도 생기고 있습니다.

자녀가 직업을 가질 때까지는 부모가 도와주어야 합니다. 직업을 갖기 위해서는 적당한 교육을 받아야 합니다. 교육을 마칠 때까지 부모는 자녀를 도와주어야 합니다.

그리고 특히 중요한 것은 적성에 맞는 생업수단을 갖도록 해야 한다는 것입니다. 부모가 원하는 직업이 아니라 자녀가 좋아하고 자녀의 적성에 맞는 직업을 갖도록 해야 합니다. 자기가 갖고 싶었던 직업을 자녀가 갖기를 강요해서는 안됩니다. 행복은 직업의 종류에서 오는 것이 아니라, 자기가 하고 싶은 일을 하는데서 오는 것입니다. 부모가 하고 싶은 일이 아니라 자녀가 하고 싶은 일을 할 수 있도록 도와주어야 하는 것입니다. 부모는 이 점을 분명히 깨닫고 명심해야 합니다.

넷째, 부처님께서는 "사랑하는 배우자를 맞이하여 가정의 보금자리를 꾸밀 수 있도록 돌봐주어야 한다."고 하셨습니다. 자녀들은 아직 훌륭한 배우자를 가려보는 눈이 없습니다. 자녀가 훌륭한 배우자를 가려서 선택할 수 있도록 미리 도와주어야 합니다. 평소에 배우자를 가려서 판단할 수 있는 눈을 길러 주어야 하고 자녀가 자신의 배우자를 선택하기 전에 선택을 도와주어야 합니다.

자녀가 자신의 배우자를 혼자 선택할 때까지 무관심하고 있다가 선택한 뒤에 무조건 반대해서도 안되며, 부모의 마음에 맞는 배우자를 무조건 강요해서도 안됩니다. 같은 가치관을 공유할 수 있도록 평소에 서로 깊은 대화를 나누어야 합니다. 일을 당해서 부모의 가치관을 무조건 강요할 것이 아니라, 평소에 대화를 통해서 같은 가치관을 갖도록 노력해야 하는 것입니다.

다섯째, 부처님께서는 "적당한 때에 적당한 상속을 해주어야 한다."고 말씀하셨습니다.

여기서 중요한 것은 상속을 해주어야 한다는 사실이 아

니라, 적당한 때에 적당한 상속을 해주어야 한다는 뜻입니다. 상속을 받을 능력도 자세도 준비되어 있지 않을 때 상속을 해주면 오히려 자식은 패가망신하기 쉽습니다. 이것은 마치 어린 묘목에 지나친 비료를 주면 오히려 죽어버리는 것과 같습니다.

상속은 적당한 때에 필요한 일을 위해서 해주어야 합니다. 자식에게 지나친 물질적 풍요를 베푸는 것은 자녀를 망치는 지름길입니다. 비료를 많이 먹고 자란 식물은 가뭄이나 비바람 같은 자연의 재해에 취약합니다. 부모의 과보호를 받고 자란 사람은 위기를 만나면 쉽게 쓰러집니다. 거칠고 힘든 환경에서 자란 사람일수록 위기와 고난을 헤쳐 나아가는 힘이 강한 법입니다.

마지막으로 부처님께서는 "사회인으로서 훌륭한 인격자가 되도록 인도해야 한다."고 하셨습니다.

훌륭한 인격자란 다름 아닌 사섭법(四攝法)을 실천하는 사람입니다. 사섭법이란 남에게 물질과 가르침과 위안을 베풀어주는 보시(布施), 남에게 정직하고 부드럽고 아름답고 화해시키는 말을 하는 애어(愛語), 남과 사회를 돕고 이롭게 하는 이행(利行), 남과 세상사람들이 필요로 하는 일을 반드시 함께 해주는 동사(同事), 이 네 가지 실천을 말합니다. 이렇게 사섭법을 실천하는 사람이 훌륭한 인격자입니다.

올바른 부모 밑에 그릇되는 자식 없으며, 그릇된 부모 밑에 올바른 자식 없다고 했습니다. 부처님께서는 훌륭한 부모가 많을 때 행복한 자녀가 많고, 행복한 자녀들이 많을 때, 세상이 행복하다고 하셨습니다.

우리 모두 부처님의 이 말씀을 명심함으로써 행복한 가정과 세상을 만들도록 노력합시다. 그것이 바로 부처님 나라, 즉 불국토입니다.

3) 아내와 남편의 윤리

먼저 불자로서 남편이 아내에게 해야 할 태도와 일에 대해서 말씀드리겠습니다.

첫째, 부처님께서는 "남편은 아내를 존중하라."고 말씀하셨습니다.

조선조 504년 동안 유교적 질서에 깊이 길들여져 온 대한민국의 남편들은 아내를 결코 자신과 동등하게 생각할 줄 모릅니다. 그러나 부처님의 가르침은 그렇지 않습니다. 그것은 제사 참여권에서 여실하게 드러납니다. 유교에서 제사에 참여할 수 있는 권한은 참으로 중요합니다. 그것으로써 한 사람의 인간으로 대접을 받는다고 해도 과언이 아닐 정도입니다. 제사 참여권이 없는 사람은 온전한 사람이 아니라고 할 수 있습니다. 그런데 유교에서는 여성에게 제사 참여권이 없습니다. 여자는 한 사람의 온전한 사람이라기보다 남자의 소유물이거나 부속물 정도로 간주되었던 것입니다.

그러나 불교에서는 제사는 물론 대부분의 일상생활에서 남녀 모두 평등하게 대우합니다. 하나의 단적인 문제로 남녀평등의 문제를 획일적으로 논할 수는 없지만, 부처님께서는 남녀평등을 넘어서 남편은 여자를 존중하고 존경해야 한다고 하셨습니다. 부부관계에 관한 최근의 설문조사를 따르면, 부부갈등의 상당부분이 아내를 무시하는 남편의 처사에서 비롯된다고 합니다. 아내도 남편에게 존중받을 수 있도록 처신해야겠지만, 아내의 능력과 처신의 문제를 떠나서 남편은 아내를 한 사람의 인간으로서 존중하고 존경하고자 하는 자세를 가지고 있어야만 한다는 것입니다.

사람은 누구나 장단점이 다 있습니다. 아내의 못난 점을 찾지 말고 장점을 찾아서 그것을 존경해야 합니다. 잘난 아내는 존경받고 못난 아내는 멸시받는 것이 아니라, 아내는 집안을 지탱하는 한 기둥으로서 그리고 남편의 배우자로서 당연히 존중받고 존경받아야 한다는 것입니다. 구체적으로 말씀드리자면 부처님께서는 "남편들은 마치 신들을 존경하듯이 당연히 아내를 존경하며 대화를 나누라."고 하셨습니다.

둘째, 부처님께서는 "아내를 함부로 멸시하지 말라."고 말씀하셨습니다.

한 번 아내로 맞아들였으면 아내에게 치명적인 단점이 있더라도, 그것은 남편의 책임입니다. 단점이 있다면 그 단점을 보완해주고 가르쳐서라도 바로잡아 주어야 한다는 것입니다. 아내의 단점을 나무라고 경멸하는 짓은 누가 못합니까? 부처님의 제자라면 단점은 물론 신체상의 결함이라 할지라도 보완하고 보충해 주어야 합니다. 그것이 불교를 믿는 사람과 믿지 않는 사람의 차이점인 것입니다. 불교를 믿게 되면 믿지 않았을 때와 분명 달라진 점이 있어야 합니다.

또한 남편들은 아내를 함부로 대해서도 안됩니다. 부처님을 믿는 남편들은 아내를 정중하게 대해야 합니다. 예로부터 우리나라를 동방예의지국이라고 불렀습니다만, 남편으로서의 예의는 아마도 빵점일 것입니다. 밖에서 다른 여자들에게는 정중하고 공손하기 이를데 없는 사람들도 집안에 들어와 아내 앞에서는 완전히 예의하고는 담을 쌓은 사람들처럼 제멋대로 행동합니다. 남들 앞에서는 예의를 차리고 아내 앞에서는 예의와 거리가 먼 행동을 하는 사람은 허례와 가식으로 사는 사람입니다.

셋째, 부처님께서는 "남편으로서 도리에 벗어나는 짓을 하지 말라."고 말씀하셨습니다.

I. 불교의 공동체윤리 | 37

이혼 같은 것은 감히 꿈도 꾸지 못했던 시절이 있었지만, 이제 한국의 부부 세 쌍 중에서 한 쌍이 이혼을 합니다. 참으로 적지 않은 숫자입니다. 그 이혼 사유 중에서 70~80 퍼센트가 남편의 외도 때문이라고 합니다. 부부는 남남이 사랑으로써 맺어진 사이입니다. 사랑이 무너질 때 부부 사이는 당연히 무너지는 것입니다. 사랑이 없는 부부는 껍질과 형식만 남은 관계입니다.

부부 사이의 사랑은 건축물의 시멘트와 같습니다. 철근과 자갈과 벽돌이 아무리 많아도 시멘트가 이들을 단단하게 엮어주지 않으면 그대로 무너집니다. 부부는 오로지 사랑으로 유지되는 관계입니다. 그리고 부부 사이의 사랑은 무엇보다도 남편이 자신의 도리를 지키는 데서 유지되는 것입니다.

넷째, 부처님께서는 "남편은 아내에게 권위를 세워주라."고 말씀하셨습니다.

못난 남편일수록 아내를 짓눌러서 자신의 우위를 확인하고자 합니다. 아내의 권위를 확보해 줄 때 자신도 남편으로서 진정한 권위를 세울 수 있을 것입니다. 자신이 밖에서 하는 일은 대단한 것이고, 아내가 집안에서 하는 일은 아무것도 아닌 하찮은 일인줄 아는 남편은 어리석은 남편입니다. 아이들 앞에서 아내의 잘못을 곧이곧대로 판판이 지적하는 남편만큼 어리석은 남편이 없으며, 남 앞에서 아내의 허물을 들추어대는 남편만큼 못난 남편도 없습니다. 자신이 자신의 아내를 존중하고 권위를 지켜줄 때, 다른 이들도 자신의 아내를 존중하고 권위를 인정할 것입니다.

다섯째, 부처님께서는 "남편은 아내에게 좋은 장식품을 선물하라."고 말씀하셨습니다.

대한민국 남자들, 그 중에서도 경상도 남자들만큼 무뚝뚝하고 멋없는 남자들도 없을 것입니다. 아내의 생일날 꽃 한 다발 선물할 줄 모르는 남편들이 경상도 남편들입니다. 아내의 생일날 꽃 한 다발에 편지 한 통 써서 소중하게 바치면 아마 일년 동안 쌓인 피로와 힘든 일들이 한꺼번에 녹아버릴 것입니다.

연애하던 시절에는 온갖 선물로 환심을 사려하더니 결혼하고 나서부터는 생일날 선물하나 챙기는 것도 잊어버리는 남편들입니다. 아내에게 선물도 할 줄 모르는 남편은 절대 좋은 남편이 되기 어렵습니다. 이것은 어찌 생각하면 사치스러운 생각처럼 들릴 수도 있지만, 전혀 그렇지 않습니다. 이 IMF 시대에 꽃 한 다발 2~3만원이 무슨 소리냐고 할 지 모르겠으나, 그렇게 생각하는 사람은 2~3만원 짜리 꽃 한 다발이 수십 만원, 수백 만원 어치의 값을 한다는 것을 모르는 속좁은 사람입니다.

부처님의 이런 말씀을 들으면 부처님께서 참으로 얼마

나 멋있는 분인가 하는 점을 알 수 있습니다. 부처님은 모든 세상사를 버리고 출가하셨지만, 세상의 우리 중생들의 심리를 속깊이 꿰뚫어 보시고 깊고 넓은 삶의 지혜를 가르쳐 주셨던 것입니다. 이《싱갈라경》의 말씀을 들으면 그 분이 오로지 출가자의 길만을 가르치신 것이 아니라, 재가신자들의 길에 대해서도 간곡한 가르침을 베푸셨다는 것을 알 수 있습니다. 그 분이 세상에서 남편으로서 사셨더라면 얼마나 훌륭한 남편이 되셨을까 짐작이 가고도 남습니다.

① 불자로서의 아내

언제든지, 어디에서든지, 어떤 사람이든지, 부처님의 말씀을 배워서 따라 살고자 하는 불자가 되었다면 불자가 아니었던 때와 달라진 바가 있어야 합니다. 아내로서도 마찬가지입니다. 불자로서의 아내는 불자가 아니었던 때의 아내와 달라져야 합니다. 그렇다면 불자로서의 아내는 어떻게 달라져야 하는지 부처님의 말씀을 들어보기로 합시다.

첫째, 부처님께서는 "아내는 남편을 위해 집안 일을 잘 처리하라."고 말씀하셨습니다.

아내는 집안의 기둥입니다. 아내가 집안 일, 즉 가사를 서투르고 소홀하게 처리하면 가정이 편안할 리가 없습니다. 요즈음은 아내들도 직장을 가지고 바깥일을 하는 경우가 많아졌지만, 그래도 집안 일은 모두 아내들이 합니다. 그럴 경우, 남편들이 아내의 집안 일을 도와주기는 하지만 아직도 대한민국에서 집안 일은 아내가 합니다. 사실 이런 점은 서양에서도 마찬가지입니다. 서양의 여자들은 직장을 가진 사람들이 많지만 집안 일은 역시 대부분 아내가 합니다.

둘째, 부처님께서는 "아내는 남편의 일가친척을 잘 보살펴라."고 말씀하셨습니다.

요즈음은 핵가족이 되어 일가친척을 보살피는 일이 줄어들기는 했지만 그래도 시부모님 모시기나 시동생들 보살피는 일은 여전히 아내의 몫으로 남아 있습니다. 어떤 여성들은 이런 일을 하기 싫어서 시집가기 전에 이런 조건을 따지기도 합니다만 불자가 된 아내는 이런 일을 기꺼이 맡아서 하며, 또한 그런 일을 함으로써 보람을 느껴야 합니다. 불자로서의 삶은 자기만 편하자고 하는 이기심으로 사는 삶이 아니라 세상의 모든 사람들과 함께 더불어 행복을 누리고자 하는 자비의 마음으로 사는 삶이어야 합니다. 특히 대승불자의 삶이란 다름 아닌 자비의 삶, 바로 그 자체입니다. 가정과 친척의 화목은 특히 아내의 몫인 것입니다.

남편의 일가친척을 제외하고 누구를 위해 자비의 삶을

살겠습니까? 그러므로 대승불자로서의 아내의 삶은 남편의 일가친척들에게 자비를 베푸는 데서 보람과 행복을 찾는 것입니다.

셋째, 부처님께서는 "아내로서의 도리에 벗어나는 일을 하지 말라."고 말씀하셨습니다.

이는 남편이 아내에게 해야하는 도리와 똑같은 말씀입니다. 아내와 남편 사이도 오직 사랑으로 유지됩니다. 남편을 돈벌어 오는 기계쯤으로 여기고 자신의 경제적 방패막이 정도로 여긴다면 그 가정은 행복하기 어렵습니다. 그런 조건을 따라서 결혼한 여성이 있다면 그것은 출발부터 잘못된 결혼입니다.

요즈음은 여자들도 속칭 '애인 하나쯤 없으면 바보'라는 말이 있을 정도로 세상이 변했다고 합니다만 바로 그렇기 때문에 많은 가정들이 깨어지는 것입니다. 그러나 불자로서의 아내에게는 전혀 해당하지 않는 이야기입니다. 아내가 아내로서의 도리를 다할 때, 가정은 화목하고 행복할 것입니다.

넷째, 부처님께서는 "아내는 남편을 위해 재산을 잘 보호하라."고 말씀하셨습니다.

남편은 바깥일 하기에 바빠 재산관리에 열심일 수 없습니다. 남편이 벌어온 돈을 제대로 쓰고 관리하는 일은 대부분 아내들의 몫입니다. 아무리 남편이 돈을 잘 벌어도 아내가 관리를 제대로 하지 못하면 재산은 결코 불어나지 않습니다.

사실 재산에 관한 한 벌어오는 것보다 관리하는 것이 더 어렵고 중요합니다. 적게 벌어와도 관리를 잘해서 부자가 되기도 하고, 많이 벌어와도 낭비가 심하면 항상 부족하게 사는 것입니다. 아내의 역할은 그만큼 중요한 것입니다.

다섯째, 부처님께서는 "아내는 남편을 위해서 부지런하라."고 말씀하셨습니다.

요즈음 현대시민의 부부 윤리가 서구문화의 영향을 받아 오로지 '평등' 만이 최고 최선인줄 아는 경향이 많습니다만 그런 획일적인 사고방식만이 능사가 아닙니다.

부처님께서는 매우 유연하고 자유스러운 사고방식으로 가르치십니다. 아내는 남편보다 늦게 자고 먼저 일어나며, 남편이 바깥일을 잘 할 수 있도록 최선을 다해 내조를 해야한다고 말씀하셨습니다. 부처님께서 가르치시고 관심을 가지는 부부 사이는 평등이냐 차별이냐가 아니라, 어떻게 하면 행복한 가정과 부부 사이를 만드느냐에 있는 것입니다.

②불자 부부가 꾸미는 가정

결론적으로 다른 종교의 신자들은 신을 믿고 공경하지

만 불자들은 자신의 주변에 있는 주요한 사람들을 믿고 공경합니다. 불교는 신을 믿고 공경하는 것이 아니라, 세상의 모든 소중한 인간관계 속에 있는 사람들을 공경하고 믿는 것입니다. 남편은 아내를 믿고 공경하고 아내는 남편을 믿고 공경해야 한다는 것입니다.

이러한 행동윤리는 다름 아닌 바로 연기의 진리에 근거하고 있습니다. 그에 따른다면, 아내는 남편에 의해서 존재하고 남편은 아내에 의해서 존재합니다. 아내 없는 남편이란 있을 수 없습니다. 아내가 없는 사람은 홀아비일 뿐입니다. 마찬가지로 남편 없는 아내도 있을 수 없습니다. 남편이 없는 사람은 과부일 뿐입니다. 연기법은 이처럼 철저한 평등을 창조하는 진리인 것입니다.

불자가 된 사람들은 불자가 되기 전과 달라져야 합니다. 그래야 절에 다닌 보람이 있는 것이 아니겠습니까? 불자가 된 부부는 연기법의 진리에 따라 자신의 배우자를 믿고 공경함으로써 행복을 찾아야 합니다.

가정은 모든 사회의 기초입니다. 가정이 건전하고 행복할 때 세상이 행복해집니다. 행복한 세상이야말로 불국토, 즉 부처님 나라인 것입니다. 우리 모두 신을 믿음으로써가 아니라 남편과 아내를 믿고 공경함으로써 부처님 나라를 만드는데 앞장서 나아갑시다.

Ⅱ. 불교의 경제윤리

1. 불교의 경제윤리

부도난 대한민국

요즈음 정말 나라가 엉망입니다. 도하의 신문과 방송들이 나라가 부도가 났다고 난리입니다. 기업이나 회사가 부도가 났다는 소리는 많이 들어봤지만 나라가 부도가 났다는 소리는 듣던 중 처음입니다. 어느 대학 총장은 우리나라가 일본에게 나라의 주권을 빼앗긴 1910년의 경술국치보다도 더 굴욕적인 사건이라고 공식적인 자리에서 눈물을 흘리는 것을 보았습니다. 그것은 현대국가의 목숨과도 같은 경제주권을 빼앗겼기 때문입니다. 신문을 펴도 아이엠에프(IMF)요, 방송을 틀어도 아이엠에프라는 소리뿐이니, 이게 도대체 무슨 소리이며 얼마나 충격적인 일인지 그 내막을 대강이라도 알아야겠습니다.

우리가 국내에서 상거래를 하며 돈을 쓸 때는 당연히 천 원, 만 원하는 '원' 화를 씁니다. 그러나 외국과 상거래를 하며 돈을 쓸 때는 해당 외국의 돈을 써야 합니다. 예를 들면 영국에서는 '파운드', 프랑스에서는 '프랑', 독일에서는 '마르크', 인도에서는 '루피', 태국에서는 '바트', 미국에서는 '달러', 일본에서는 '엔' 이라는 돈을 써야 합니다. 그런데 이런 여러 나라들과 상거래를 할 때 돈이 각각 달라서 계산하기가 복잡합니다. 그러므로 국제적인 상거래를 할 때는 모두 미국돈인 달러를 기준으로 삼아 계산을 하고 거래를 합니다. 만일 우리가 영국사람들에게 돈을 줄 일이 있다면 우리는 미국돈인 달러로 계산을 해서 갚고, 영국사람들은 달러를 받아서 영국돈인 파운드로 다시 바꾸어서 씁니다. 그러니까 미국돈인 달러는 단지 미국돈일 뿐만 아니라 그야말로 국제화폐인 셈입니다.

우리가 수출을 많이 해서 외국으로부터 돈을 많이 벌어들이면 국내에 달러가 쌓이게 됩니다. 그런데 우리가 수출보다는 수입을 많이 하고 외국 물품을 많이 쓰느라고 달러를 많이 쓰게 되면 국내에 달러가 줄어들게 됩니다. 만일 우리가 외국으로부터 돈을 벌어들이지는 못하고 외국에다가 돈을 쓰기만 한다면 국내에 달러가 바닥이 나게 되고 결국 외국 돈을 갚을 길이 없어지고 맙니다. 만일 어떤 나라가 달러가 떨어져서 바닥이 나고 외국에 돈을 갚을 수 없게 된다면 그것은 바로 국가적인 부도가 난 것이나 다를 바가 없습니다.

우리나라가 지금 바로 그 지경이 된 것입니다. 우리는 지금 외국 돈을 많이 빌려다 쓰고 있습니다. 돈을 빌려다 쓸 때는 이자를 정하고 기한을 정해서 언제까지 갚겠다는 약속을 합니다. 그런데 갚을 날짜는 다가왔는데 갚을 돈, 즉 달러가 없어서 갚을 수 없다면 그것이 바로 부도입니다. 이럴 경우에는 또 남의 돈을 꾸어다가 급한 돈부터 갚아야 부도를 면할 수 있습니다. 부도가 나게 되었을 때 부도를 면할려면 어떻게 해야 합니까? 우선 급한 대로 어떤 돈이든 끌어다가 부도를 막아야 합니다. 부도가 나게 된 나라에 이런 급전(急錢)을 꾸어 주는 곳이 바로 아이엠에프(IMF), 즉 인터내셔날 머니 펀드(International Monetary Fund)라는 '국제통화기금' 입니다. 아이엠에프는 부자 나라들이 돈을 모아서 이자를 받고 돈을 꾸어주는 곳입니다.

우리나라는 지금 부도사태를 맞아서 이 돈을 꾸어다가 급한대로 부도를 막게 된 것입니다. 이 아이엠에프로부터 돈을 꾸어올 때는 원금 얼마에 이자 얼마씩, 언제까지 갚겠다고 약속을 합니다. 그런데 우리는 지금까지 이미 꾸어 온 돈만 앞으로 3년 안에 국민 1인당 약 500만원을 갚아야 합니다. 한 가정이 평균 4인이라면 대한민국 국민은 한 가정당 3년 안에 외국에 갚아야 할 돈이 2천만원씩인 셈입니다. 평범한 서민들이 일년에 700만원 정도의 빚을 갚아야 한다는 것이 결코 쉬운 일이 아니라는 것을 여러분들은 너무나도 잘 아실 것입니다. 참으로 심각한 사태가 아닐 수 없습니다.

그렇다면 도대체 우리나라는 왜 이렇게 부도가 나게 되었습니까? 그것은 첫째로 나라를 경영하는 지도자와 관리들이 무능하고, 둘째로 국민들이 흥청망청 낭비를 일삼았기 때문입니다. 국가를 경영하는 사람들이 나라의 금고가 텅텅 비어가는데도 속수무책으로 안일한 준비를 했기 때문이고, 국민들은 외국에서 돈을 벌어올 생각보다는 쓸 생각만 하고 있었기 때문입니다. 자, 이제 우리는 이 국가 부도라는 심각한 사태를 맞이하여 비상한 마음가짐으로 대처하지 않으면 안 되게 되었습니다. 만일 이 위기를 지혜롭게 넘기지 못하고 국가가 파산을 맞게 된다면 우리는 국제 거지가 되어 남의 나라로부터 빌어먹는 한심한 지경에 처하다가 결국 나라가 완전히 망하고 말 것입니다.

그러나 우리는 이렇게 망하는 꼴을 가만히 앉아서 보고 있을 수만은 없습니다. 무슨 수를 써서든 이러한 위기를 극복하고 다시 일어나서, 한강의 기적을 다시 일구고 선진 조국을 만들어 나아가야 할 것입니다. 나라의 위기를 극복할 지도자를 새로 뽑아서 유능한 관리들을 임명하고 국민들과 일심 단결하여 비상한 마음가짐으로 대처하지 않으면 안 될 것입니다.

출가자의 경제윤리

우리 불자들 역시 이러한 현실을 직시하고 한 마음 한 뜻으로 뭉쳐서 이 위기를 극복하는 데 동참해야 할 것입니다. 우리 불자들은 이러한 위기에 당면하면서 역시 부처님의 가르침에 의거해서 행동해야 할 것입니다. 그렇다면 과연 부처님의 경제사상과 윤리는 어떠한 것인지가 궁금하지 않을 수 없습니다. 우리는 오늘 국가가 부도 위기에 처한 이 시점에서 부처님의 경제사상과 윤리에 대해서 함께 알아보기로 합시다.

불교의 경제사상과 실천 지침, 경제윤리를 말하자면, 무엇보다도 먼저 이것이 이원적 구조를 가지고 있음을 알아야 하겠습니다. 그것은 출가자의 경제윤리와 재가자의 경제윤리로 나뉘어져 있다는 것입니다. 출가자의 경제윤리는 아주 간단합니다. 부처님께서는 출가자로 하여금 절대 경제적인 활동, 즉 이윤을 추구하는 행동을 엄금하셨습니다. 출가자는 절대적인 무소유의 정신으로 살아야 합니다. 금전에는 일절 손을 대지도 말라고 하셨습니다. 출가 수행자들은 수행 생활을 위한 최소한의 물질만을, 그것도 신도

들로부터 보시를 통해 받아야만 합니다. 스님들이 보시를 받는 것은 하나의 의무입니다. 보시를 받지 않고 자기 스스로 물질을 조달하는 것은 도리어 계를 파하는 것입니다. 이것은 출가 수행자로 하여금 무소유를 지키게 하려는 부처님의 지혜입니다. 출가 수행자는 오로지 수행을 통한 해탈과 열반의 성취만이 유일한 궁극적 목적이기 때문입니다. 요즈음은 사찰의 운영을 위해서 어쩔 수 없이 스님들이 돈을 만집니다만 앞으로 이러한 일들은 재가 신자들이 하고 출가 수행자들은 지도와 감독만을 맡는 형태로 변해야 할 것입니다. 이를 위해서는 재가 신자들의 적극적인 참여의식이 필요합니다.

재가 신자의 경제윤리

재가 신자의 경제윤리는 출가 수행자의 경제윤리와는 사뭇 다릅니다. 일반적으로 불교는 세속 생활의 모든 면에서 소극적인 태도만을 보여준다고 생각하기 쉽습니다만 그것은 전혀 오해입니다. 재가 신자의 윤리는 출가자의 그것과 달리 모든 면에서 매우 적극적입니다. 경제윤리에서도 이는 마찬가지입니다. 부처님께서는 재가 신자들에게 재산을 모으는 데 적극적으로 힘써야 한다고 가르치셨습니다. 다음의 경전내용은 적극적인 경제활동에 대한 부처님의 가르침을 알 수 있는 아주 좋은 자료입니다.

"비구들이여, 세상의 경제인 가운데서 아침나절에도 열심히 업무에 힘쓰고 한낮에도 열심히 업무에 힘쓰고 저녁나절에도 열심히 업무에 힘쓰는 이가 있다면, 그 사람은 아직 얻지 못한 재산을 얻고 또 이미 얻은 재산은 더욱 키워갈 수 있느니라."

우리가 이 경전 구절을 음미해 본다면, 부처님께서 경제 활동을 용인하셨을 뿐만 아니라 더욱 적극적인 경제 활동을 권장하셨음을 알 수 있습니다. 경제 활동을 하는 사람은 아침부터 저녁까지 열심히 일해야 하며, 만일 그렇게 한다면 있는 재산을 잘 지킬 수 있을 뿐만 아니라 더욱더 재산을 불려갈 수 있다고 하신 것입니다. 즉 부처님께서는 출가 수행자들에게는 물질에서 완전히 손을 떼는 절대적 무소유를 가르치셨지만 재가 신자들에게는 부의 축적을 위해 힘쓸 것을 말씀하신 것입니다. 재산을 모으는 것이 나쁜 것은 아닙니다. 부정한 수단, 불법적인 방법으로 재산을 모으는 것이 나쁜 것입니다. 정당하고 온당한 방법으로 재산을 모으는 것은 결코 나쁜 일이 아닙니다. 그리고 그렇게 온당하고 정직한 방법으로 모은 재산을 보람 있게 쓴다면 그것은 더할 나위 없는 훌륭한 행동입니다.

예를 들어 서울 성북동 금싸라기 땅 7천여 평에 삼각산 길상사(吉祥寺)라는 절이 하나 새로 생겼습니다. 이 절은 김영한(金英韓) 보살님이 송광사의 서울 포교당으로 기증한 것입니다. 시가로 따져 땅값만 1천억 원 정도라고 합니다. 이 절은 원래 대원각(大苑閣)이라는 서울에서 최고 수준의 고급 식당이었습니다. 김영한 보살님은 평생에 걸쳐 이 재산을 모았고 말년에 이것을 부처님께 시주로 내놓은 것입니다. 이 절은 포교당과 선방으로 만들어서 2박 3일간의 직장인 주말 선방이나 아침에 출근하고 저녁에 퇴근하여 참선을 수련하는 출퇴근 선방으로도 개방할 계획이라고 합니다. 이러한 결과는 김영한 보살님의 적극적인 경제 활동의 결과입니다. 이 얼마나 의미있는 일입니까? 이처럼 온당하고 정직한 경제 활동을 통한 이윤의 추구와 재산의 증식은 부처님께서도 적극적으로 권면(勸勉)하신 것이고 또한 아주 의미있는 결과를 낳게 되는 것입니다.

부처님께서는 이윤을 추구하고 재산을 증식하는 데에 적극적으로 하라고 하셨지만 그 방법을 온당히 하라는 당부를 잊지 않으셨습니다.

"자기도 남도 괴롭히지 않는 온당하고 정직한 방법으로 재산을 모으고 불려야 한다."

남을 해치고, 남을 짓밟고, 남을 속이고, 남에게서 빼앗는 부당하고 사악한 방법으로 재산을 모아서는 안 됩니다. 오로지 정직하고 온당한 방법으로만 재산을 모아야 하는 것입니다. 그렇지 못한 방법으로 재산을 모으게 되면 남을 괴롭히는 것은 물론이요 결국에는 자기 자신을 괴롭히는 길이 되기 때문입니다. 즉 부처님께서는 재가 불자들이 재산을 열심히 모으되 반드시 정당한 규범에 따라서 재산을 모을 것을 당부하신 것입니다.

또한 부처님께서는 이렇게 정직하고 온당한 방법으로 재산을 모으고 불리기 위해서는 자신이 종사할 직업에 대한 전문 지식과 기술의 습득이 반드시 필요하다고 가르치셨습니다.

"재물을 구하고자 한다면 먼저 지식을 습득하고 기술을 배우라. 먼저 기예(技藝)를 익혀야 재물을 얻을 수 있는 것이다. 그리고 재산을 모으는 직업을 선택했다면 그것을 잘 지키도록 하라."

그렇습니다. 현대사회에서도 지식과 기술이 없이는 재산을 모을 수 없습니다. 재산을 모으기 위해서는 자신이 택한 분야에 대한 전문지식과 기술이 있어야만 합니다. 자신이 택한 분야에 대한 전문지식과 기술이 없다면, 일시적으로 성공을 거둘 수는 있겠으나 결국은 경쟁에서 도태당하고 말 것입니다. 그리고 한 번 직업을 선택했으면 그것을 잘 지켜서 보전하는 것이 직업을 자주 바꾸는 것보다 재산을 모으기에 더 낫다는 것입니다. 일본 사람들은 남들이 하찮은 직업이라고 여기는 직종일지라도 몇 대씩 물려내리며 가업으로 이어가는 사람들이 많다고 들었습니다. 그것이 일본을 세계 최대의 경제대국으로 만드는 데 일조를 했다고 합니다.

부처님께서는 이처럼 재산을 모으는 것에 대하여 말씀하신 후 재산을 어떻게 잘 유지할 것인가에 대해서도 말씀하셨습니다. 재산은 모으기도 어렵지만 유지하기가 더 어렵다는 말도 있습니다. 특히 모은 재산을 쉽게 잃어버리게 되는 여섯 가지 일에 대하여 말씀하신 것을 우리는 유념해야 할 것입니다.

"노름과 여자와 술, 노래와 춤, 한낮에 잠을 자는 게으름, 때를 가리지 않는 여행, 나쁜 친구 사귀기, 인색함과 욕심, 이 여섯 가지는 재산을 탕진시키고 결국 사람을 파멸로 인도한다."

노름과 여자와 술이 재산을 탕진하고 사람을 파멸시키는 첫번째 길이라는 것은 동서고금을 막론하고 누구나 잘 아는 것입니다. 두번째, 노래나 춤도 이에 못지 않게 나쁜 길로 가는 유혹적 요소입니다. 그런 의미에서 노래방이나 단란주점이나 댄스 홀이 늘어나는 것은 바람직하지 못합니다. 그런 곳이 타락으로 가는 출발점이 되는 것이 보통입니다. 이런 곳은 가족이나 친지들과 함께 가서 스트레스를 푸는 건전한 장소로 만들어야 합니다. 세번째, 요즈음은 직장의 간부들이나 고위 공무원들이 출근부에 도장만 찍고 사우나로 직행하여 목욕하고 한숨 자고 나오는 개탄할 만한 행동들을 흔히 한다고 합니다. 이러한 게으름은 정말 중대한 과오이므로 아주 엄하게 다스려야 합니다. 네번째, 우리는 국민 소득 1만 달러 시대라고 해서 흥청망청 의미도 없고 목적도 없는 해외여행을 너도 나도 경쟁적으로 해왔습니다. 여행도 하나의 투자입니다. 여행은 자신의 문화와 전혀 다른 곳에 가서 그것을 몸소 직접 체험해 봄으로써 몰랐던 자신을 재발견하고, 새로운 세계와 문화에 대한 안목을 넓히는 중요한 배움의 기회입니다. 그러나 무분별하고 무계획한 여행은 아무 소득없는 낭비에 불과합니다. 우리는 외국에 나가서 돈을 물쓰듯 하고 외국인들은 우리나라에 와서 짠돌이처럼 돈을 쓰지 않으니 우리가 외국에 빚을 질 수밖에 더 있겠습니까? 다섯번째, 나쁜 친구를 사귀는 것은 재산을 탕진하는 첫걸음입니다. 어떤 사람을 알고 싶으면 그 사람의 친구를 보라는 말이 있습니다. 세상의 모든 범죄자들은 한 명도 예외없이 모두 친구를 사귀면서 범죄의 길로 들어섰다고 합니다. 여섯번째, 욕심을 부리면 망합니다. 과욕이 파멸을 부릅니다. 적당한 수준에서 만족할 줄 아는 것이 지혜입니다. 또한 인색하면 외톨이가 됩니다. 인색한 사람 주변에는 절대 사람도 돈도 모여들지 않습니다. 베풀면 베푼만큼, 아니 그보다도 더 많은 것이 자신에게로 되돌아 옵니다.

부처님의 이러한 여섯 가지 경고를 마음속에 새겨 둔다면 결코 재산을 탕진하여 가난하게 되지는 않을 것입니다.

자, 이제 불자들의 경제 윤리를 간단하게 요약하여 마무리 해 봅시다. 부처님께서 가르쳐 주신 경제 윤리에는 일관하는 네 가지 원칙이 있습니다. 첫째는 부지런하고 열심히 노력하여 재산을 모으라는 것입니다. 둘째는 부지런히 재산을 모으되 정당하고 정직한 방법으로 재산을 모으라는 것입니다. 셋째는 전문지식과 기술을 습득하여 대를 물리는 직업을 가지라는 것입니다. 넷째는 이렇게 하여 모은 재산을 여섯 가지 잘못된 처신으로 탕진하지 말고 잘 보전하라는 것입니다.

부처님의 가르침과 우리의 경제

그리고 부처님께서는 이렇게 하여 모으고 보전하게 된 재산 중에서 4분의 1은 생활비로 쓰고, 4분의 1은 자신의 위험을 위하여 저축하고 또 빈궁한 사람들을 위하여 보시하며, 4분의 2는 경제 활동과 자신의 발전을 위해서 재투자하라고 하셨습니다.

이러한 부처님의 말씀을 고스란히 그대로 따라서 실천한다면 오늘날과 같은 아이엠에프 긴급지원이라는 경제적 굴욕을 당하지는 않았을 것입니다. 우리는 지금이라도 부처님의 이러한 가르침에 철저히 따라 산다면 우리의 경제는 다시 건강을 회복하여 새로운 비약을 할 수 있을 것입니다. 우리 불자들이 먼저 이러한 부처님의 가르침을 앞장서서 실천해 나아가야 할 것입니다.

2. 부처님께서 가르쳐 주시는 가난 극복의 지혜

자본주의 사회에서는 무엇보다도 경제가 제대로 돌아가야 합니다. 모든 국민생활의 기본요소인 경제가 제대로 돌아가지 않으면 전체 국민생활이 무너지고 맙니다. 경제는 여러 가지로 설명할 수 있겠습니다만 그 중에서도 기업 활동은 모든 경제 활동의 기초라고 할 수 있습니다. 그리고 기업 활동에도 여러 가지 중요한 요소들이 있겠습니다만 그 중에서도 노동자와 사용자의 관계는 가장 중요한 요소 중의 하나라고 할 수 있습니다.

지금 우리 경제는 외국의 자본에 도움을 받지 않고는 회생하기 어렵게 되어있습니다. 외국의 자본이 우리나라에 투자되어야만 우리 경제가 살아날 수 있습니다. 그런데 외국 자본가들이 우리나라에 투자하기를 매우 꺼리고 있다고 합니다. 그 가장 큰 이유는 다름 아닌 노사간의 갈등이라고 합니다. 노동자와 사용자간에 화해와 화합을 이루지 못하고 서로의 이익을 위해서 투쟁하고 있는 한, 외국 자본은 우리나라에 들어오지 않을 것이고 결국 우리 경제의 앞날은 장담할 수 없게 될 것입니다. 그래서 노사관계는 우리의 경제에 더할 수 없이 중요한 사안인 것입니다.

부처님께서는 이 중요한 경제 요소에 대하여 이미 가르침을 베풀어 주셨습니다. 부처님의 가르침은 공허한 이론이 아닙니다. 부처님의 가르침은 언제나 우리의 실제적인 삶과 밀접하게 관련된 것들입니다. 다만 우리의 안목이 부족하여 그것을 우리의 현실에 적용하여 해석해낼 줄 모르는 것뿐입니다. 부처님께서는 우리 인간들 삶의 모든 방면에 가장 지혜로운 길을 가르쳐 주시기 때문입니다.

서로 한 몸인 사용자와 노동자

부처님께서는 먼저 사용자, 즉 고용주의 자세에 대해서 다음과 같이 말씀해 주셨습니다.

첫째, "사용자는 노동자에게 능력에 따라서 일을 맡겨야 한다."고 말씀하셨습니다. "젊은이가 할 일을 노인에게 시키지 말고 노인이 할 일을 젊은이에게 시키지 말라. 각자의 힘과 능력에 따라서 일을 맡겨야 한다."라고 말씀하셨습니다. 이렇게 말씀하신 데에는 노약자나 여자 혹은 어린

이에게 과중한 일을 맡겨 부담을 지우지 말라는 배려가 담겨 있습니다. 지금 후진국에서는 어린이 노동이나 여성의 노동력에 대한 부당한 대우가 심각하게 문제시 되고 있습니다. 우리나라도 아직 완벽한 수준은 아니라고 보아야 할 것입니다. 흔히 요즈음 말로 부당노동을 시키지 말라는 뜻이기도 합니다. 정해진 근로시간이 있고 그 이상의 노동은 노동자의 자발적인 의사에 따라야 하는 것입니다.

둘째, "노동의 대가를 온당하게 지불해야 한다."고 말씀하셨습니다.

수천 년 동안 사용자들은 노동자들의 임금을 착취해 왔습니다. 그러나 부처님께서는 이미 지금부터 2천 5백여 년 전에 이러한 임금착취의 부당성을 경고하셨던 것입니다. 노동을 시키고 그 대가를 온당하게 지불하지 않는 것은 엄청난 죄악입니다. 대부분의 노사문제는 노동에 대한 온당한 대가를 지불하지 않으려는 것에서 시작됩니다.

셋째, "노동자가 병들었을 때는 끝까지 잘 간호하여 주어야 한다."고 말씀하셨습니다.

노동자가 병이 났거나 다쳤을 때에는 잘 간호하여 회복될 때까지 쉴 수 있도록 보살펴 주어야 합니다. 그리고 그 가족들도 굶주리지 않고 생활할 수 있도록 돌보아 주어야 합니다.

넷째, "훌륭하고 맛있는 음식이 있으면, 먼저 노동자에게 베풀어 주어야 한다."고 말씀하셨습니다.

고용주는 직원을 먼저 생각해야 한다는 것입니다. 고용주가 챙길 것은 먼저 다 챙기고 난 다음, 남는 것이 있을 때 직원들에게 나누어주겠다고 생각한다면, 노사관계는 원만히게 성립될 수가 없는 것입니다. 고용주가 직원을 자신보다도 더 먼저 생각할 때 직원도 고용주의 고마움을 알고 존중할 것입니다.

다섯째, "사용자는 노동자에게 적당한 때에 휴식기간을 주어야 한다."고 말씀하셨습니다.

노동자는 인간이지 일하는 기계가 아닙니다. 쇠로 만든 기계도 쉬지 않고 돌리면 탈이 나는데 하물며 노동자야 말해 무엇하겠습니까? 상시휴식이든 임시휴식이든, 명절이나 무더운 때에는 쉴 수 있는 여유를 주어야 합니다. 그래야 일의 능률이 오르는 법입니다.

우리는 지금까지 고용주가 노동자에게 취해야 할 온당한 자세와 대우에 대한 부처님의 가르침을 살펴보았습니다. 이 다섯 가지를 살펴본다면 다섯 가지를 한결같이 관통하고 있는 중심 주제가 있음을 알 수 있습니다.

그것은 다름 아닌 사용자와 노동자가 서로 '한 몸'이라는 것입니다. 우리 중생들은 노동자와 사용자를, 사장과 직원을 전혀 별개의 존재로 파악합니다. 그러나 부처님의 지혜로 바라보면, 노동자와 사용자는 서로 한 몸이라는 것입니다. 사용자가 먼저 있고 그런 다음에 노동자가 있는 것이 아닙니다. 노동자가 있는 순간 사용자가 있을 수 있는 것입니다. 노동자가 없는 사용자란 있을 수 없습니다. 그러므로 사용자는 노동자에 의해서 생겨나는 것입니다. 이것이 바로 부처님께서 깨달으신 위대한 진리 '연기법의 진리'인 것입니다.

노동자 역시 마찬가지입니다. 사용자 없는 노동자란 있을 수 없습니다. 사용자가 실업자를 채용하는 그 순간 노동자가 생겨나는 것입니다. 그러므로 사용자 없는 노동자란 있을 수 없는 것입니다.

그러므로 사용자와 노동자는 한 몸인 것입니다. 그 어느 한 쪽 없이는 다른 한 쪽도 성립할 수 없는 것입니다. 부처님의 가르침은 자기만을 위하는 이기적인 가르침이 아닙니다. 세상과 자신이 함께 어우러져 더불어 살아가는 삶의 지혜입니다. 그 지혜가 바로 다름 아닌 연기법의 깨달음인 것입니다. 연기법에 대해서는 앞으로도 기회 있을 때마다 다시 반복해서 말씀드리도록 하겠습니다. 연기법이야말로 부처님의 가르침 가운데 핵심 중의 핵심이기 때문입니다.

여하튼 부처님의 가르침은 세상과 내가 한 몸이라는 사실을 깨달아야 한다는 것입니다.

또한 서로 한 몸인 노동자와 사용자

부처님께서는 노동자의 자세에 대해서도 역시 서로가 모두 한 몸이라는 이러한 중심주제에 따라서 다음처럼 네 가지로 말씀해 주셨습니다.

첫째, "노동자는 사용자보다 일찍 일어나고 늦게 잠자리에 들어야 한다."고 말씀하셨습니다. 이러한 가르침은 2천 5백여 년 전의 상황에 해당하는 가르침으로써, 사실 요즈음은 회사 직원보다 사장이 먼저 출근하고 늦게 퇴근하는 경우가 더 많습니다. 직원보다 기업주가 더 많은 일을 합니다. 요즈음 기업주보다 먼저 출근하고 늦게 퇴근하는 직원이 있다면 그는 분명히 출세를 할 것이고 그 회사는 성공하는 회사가 될 것입니다. 노동자나 사용자가 서로 이러한 마음가짐으로 일한다면 분명히 우리의 경제는 희망이 있습니다.

둘째, "노동자는 정당한 대가만 받아야 한다."고 말씀하셨습니다.

직원이 봉급이나 수당 등, 정해진 정당한 대가 외에 부당한 대가를 원하거나 마음대로 취해서는 안 된다는 것입니다. 정당하지 못하게 회사의 재산을 취하거나 혹은 정당하지 않은 대가를 바라서도 안 되는 것입니다. 노사관계는 무엇보다도 노동에 대한 정당한 대가를 주고받는 것에서

부터 시작됩니다. 노동에 대한 정당한 대가 이하를 주거나 또는 그 이상을 바랄 때 평화로운 노사관계가 무너지는 것입니다.

셋째, "노동자는 즐거운 마음으로 정성을 다해서 일해야 한다."고 말씀하셨습니다.

노동자가 자신이 하는 일을 남의 일이라고 생각해서는 안 되는 것입니다. 다만 돈을 받기 위해서 남의 일을 할 뿐이라고 생각하면 일이 즐거울 수 없고 정성을 기울일 수 없습니다. 회사는 사용자인 사장의 회사일 뿐만 아니라 바로 노동자 자신의 회사이기도 한 것입니다. 그렇기 때문에 회사가 잘되면 자신도 잘되고 회사가 잘못되면 자신도 잘못되는 것입니다. 그러므로 회사·노동자·사용자는 모두 한 몸인 것입니다. 회사와 사용자와 노동자가 모두 한 몸이라는 것을 깨달을 수 있는 노동자라야 정성을 기울여서 일할 수 있는 것입니다.

넷째, "노동자는 사용자의 장점을 널리 알려야 한다."고 하셨습니다.

회사의 동료들끼리든 아니면 회사 밖의 다른 사람들에게든 자기 회사 사장의 이야기를 좋게 해야 한다고 하셨습니다. 고용주를 비방하고 욕하는 말은 자기 회사에 누를 끼치게 되고 그 결과는 결국 자기 자신에게로 돌아오고야 마는 것입니다. 그러므로 이 역시 고용주와 회사와 자기 자신을 한 몸으로 아는 사람은 결코 남에게 자신의 고용주를 욕하지 않을 것입니다. 만일 고용주에게 참으로 필요한 충고가 있다면 비방이나 욕이 아니라 흉금을 터놓고 서로 상의하거나 타협해야 할 것입니다.

산업사회에서는 거의 누구나 사용자가 아니면 노동자일 것입니다. 여러분이나 여러분의 가장이 어떤 회사의 직원으로서 노동자이거나, 아니면 직원을 고용하여 기업을 운영하는 고용주로서의 사용자일 것입니다. 부처님께서는 여러분이 사용자이든 고용주이든, 아니면 그들의 가족이든 간에 사용자와 노동자가 서로 한 몸이라는 것을 깨달아야 한다고 역설하십니다. 우리가 온당한 불자이고자 한다면 연기법의 진리를 깨달아야 하며, 노사관계라는 방면에서 연기법의 깨달음이 가르쳐 주는 것은 노사가 서로 한 몸이라는 진리입니다.

3. 부자가 되는 부처님의 가르침

농사(農事)는 세상의 근본

올해 가을은 그리 즐거운 편이 못되나 봅니다. 그동안 일기가 불순하여 농사가 제대로 되지 않았습니다. 가을은 풍성해야 하는데 올 가을은 풍성하기는커녕 먹을 것도 모자랄까 걱정이라고 합니다.

우선 가을농사가 잘 되려면 여름이 더워야 하는데 올 여름은 덥지 않았습니다. 어떤 사람은 올 여름에 에어콘을 단 한 번도 켜지 않았다고 합니다. 비가 너무나 자주 오고 또 많이 왔기 때문에 더울 겨를이 없었습니다. 기온이 낮고 햇빛이 비치지 않아 일조량이 적으면 농작물은 제대로 자랄 수 없고 과일도 제대로 익을 수 없습니다. 게다가 농작물이 익어야 하는 초가을에 접어들어서는 태풍 때문에 벼가 쓰러져 썩어가고 과일은 모두 떨어져 버리고 말았습니다.

외국에 갚아야 할 빚도 많은데 농사마저 제대로 안되었으니 우리들의 빚이 더 늘어나게 되었습니다. 여러분, 우리나라의 식량 자급도가 얼마나 되는지 혹시 아십니까? 우리나라는 식량을 종류에 따라 수출하기도 하고 수입하기도 하지만 전체적으로 따지면 우리나라 국민이 먹는 총량의 27%정도밖에 생산을 못합니다. 나머지 73%는 수입에 의존하고 있습니다. 만일 우리가 외국으로부터 식량을 수입하지 못하는 상황에 처하게 되면, 우리나라 사람 4명 중에 3명은 굶어야 한다는 이야기입니다.

이 식량 자급비율 27%도 우리가 억지로 유지하고 있는 것입니다. 지금 80Kg 중품 쌀 한 가마에 약 17만원 정도 합니다. 그런데 미국이나 필리핀 같은 나라의 쌀값은 같은 중량에 2만원도 안됩니다. 그래도 우리는 그 싼 외국쌀을 수입해서는 안됩니다. 외국쌀을 수입해 먹으면 우리나라의 쌀 농가는 모두 망합니다. 쌀 수입을 개방하면 도저히 외국 농가와 경쟁을 할 수 없습니다. 만일 외국쌀을 수입하게 되면 우리나라의 쌀 농가는 모두 망하게 되고, 그렇게 되고 나면 외국 쌀장수들은 단박에 쌀값을 올리려고 할 것입니다. 그때는 쌀 한 가마에 100만원을 달라고 해도 사 먹을 수밖에 없습니다. 우리들이 쌀을 안 먹고 며칠을 버티겠습니까? 그래서 이 세상에서 가장 무서운 무기가 바로 식량무기라는 것입니다. 그래서 농경사회가 아닌 산업사회에서도 농사는 천하의 근본이라고 하는 것입니다.

가난은 극복해야만 합니다

참으로 이 어려운 IMF 시대에 농사마저 좋지 않아 정말 걱정입니다. 그야말로 우리는 이제 가난한 시절로 되돌아가고 있습니다. 우리들이 정말 못살던 30~40년 전으로 되돌아 간 것은 아니지만, 잘 살던 사람이 망해서 가난하게 되면 참으로 견디기 어려운 법입니다.

우리나라 전체 기업 중 하루에 창업하는 기업이 200여 개인데 비해 부도나는 기업은 300여 개나 된다고 합니다. 그리고 전 국민의 87% 정도가 수입이 급감했다고 합니다.

이러한 경제적인 충격파 때문에 수많은 노숙자들이 생겨나고 있습니다. 이제 가족 전체가 노숙자가 된 가족도 있다고 합니다. 뿐만 아니라 가장의 자살은 물론 전 가족이 동반자살하는 사건도 연이어 일어나고 있습니다. 또한 채무자와 채권자 사이에 살인사건이 빈발하고 있으며, 강도, 절도, 사기, 폭행 등 불안한 사회문제들이 한꺼번에 벌집 쑤신 듯이 일어나고 있습니다.

여기 모인 우리 불자들도 열에 여덟 아홉 명은 수입 감소에 따른 불안과 불편을 겪고 있을 것입니다. 오늘날 우리들의 관심사는 한마디로 경제문제가 아닐 수 없습니다. 우리는 나라의 경제를 이 지경으로 만들어 놓은 소위 이 나라의 지도층들에 대해서 한없는 분노를 느끼지만, 그 분노가 분노에서 그친다면 우리들에게 아무런 도움이 되지 못합니다. 우리는 우리의 지혜를 모아 이 난국을 극복해 가야만 합니다.

가난을 극복하는 부처님의 가르침

우리 불제자들은 항상 어떠한 문제에 봉착하든 부처님의 가르침에서 활로를 찾을 수가 있습니다. 부처님께서는 가난에 봉착하게 된 사람들에게 가져야 할 마음가짐과 자세에 대해서 대략 다섯 가지를 말씀해 주셨습니다.

첫째, 부처님께서는 "불자들은 가난에 봉착했을 때 자신의 가난을 남의 탓으로 돌려서는 안 된다."고 말씀하셨습니다. 자신이 가난하게 된 것은 부모 때문도, 아니고 채권자 때문도 아니고, 아내 탓도 아니고 남편 탓도 아닙니다. 그리고 잘못된 사회 제도 탓도 아닙니다. 가난의 첫째 원인은 바로 다름 아닌 자기 자신입니다.

부처님께서 말씀하시기를 "모든 현상은 인연(因緣), 즉 인(因)과 연(緣)에 의해서 초래된다."고 하셨습니다. 그러므로 가난이라고 하는 현상도 인연, 즉 인과 연에 의해서 생기는 것입니다. 가난한 부모나 남편을 만나고, 악독한 채권자를 만나고, 보증을 서 준 사람이 망해버리고, 내가 수입한 물품 대금이 환율 때문에 왕창 올라버리고 하는 이 모든 것들은 모두 연(緣)일 뿐입니다. 그리고 내 앞에 일어나는 모든 현상의 인(因)은 이 모든 것에 앞서 바로 나 자신입니다. 내가 만나는 가난의 원인은 그 어떤 다른 것의 탓이 아니라 바로 내 탓인 것입니다.

불자는 가난이라는 고통 앞에서 남을 탓하거나 원망하지 말고 그것이 자신의 탓임을 담담하게 받아들일 줄 알아야 합니다. 가난 앞에서 남을 탓하게 되면 더 큰 불행과 고통을 초래할 뿐입니다.

둘째, 부처님께서는 "불자는 자신이 당면한 가난을 극복하고야 말겠다는 굳센 의지를 가져야 한다."고 말씀하셨습니다. 즉 가난을 이겨야지 가난에 지면 안 됩니다. 가난에 져서 자살을 한다거나 가정을 등져버리는 그런 사람은 어리석습니다. 가난 때문에 자신을 괴롭히거나 남을 괴롭히는 사람은 어리석은 사람입니다. 그런 사람은 가난이라는 고통에다가 다른 고통을 더하는 꼴밖에 다름 아닙니다.

또한 가난을 극복하려는 의지를 가져야 하지만, 부당한 방법으로 가난을 극복하려고 해서는 안 됩니다. 남을 속이거나 훔치거나 불법, 탈법, 위법적인 행동으로 가난을 이

기려고 해서는 안 됩니다. 왜냐하면 그런 행동은 가난이라는 고통에 또 다른 고통을 더하게 할 것이기 때문입니다.

셋째, 부처님께서는 "가난을 이기기 위해서는 부지런히 일해야 한다."고 말씀하셨습니다. 부지런함은 부자의 친구이고 게으름은 가난의 친구라고 하셨습니다. 게으르면서 가난하지 않기를 바랄 수는 없으며, 부자는 절대 게으른 법이 없습니다. 부처님께서 말씀하시기를 "부지런한 사람만이 아직 얻지 못한 재물을 얻을 수 있고, 또한 부지런해야만 이미 얻은 재산을 지킬 수 있다."고 하셨습니다.

넷째, 부처님께서는 "가난이 닥쳐오기 전에 건실한 생활을 해야 한다."고 말씀하셨습니다. 사치와 향락, 음주와 도박, 낭비와 방탕은 가난으로 가는 지름길이라고 말씀하셨습니다. 우리가 조금 잘 살게 되었을 때, 우리들이 얼마나 낭비와 방탕을 일삼았습니까? 부처님께서 가르치시기를 모든 것은 자업자득이라고 하셨지 않습니까? 지금 우리들의 가난과 고난은 남의 탓이 아닙니다. 우리가 외환위기로 초래한 IMF 시대는 너도나도 할 것 없이 외국여행으로 달려가서 낭비한 외화나 고가의 소비재 수입품 때문이 아니고 무엇이겠습니까? 낭비와 방탕을 일삼으며 가난하지 않기를 바랄 수는 없는 것입니다. 가난이 오기 전에 건실한 생활을 한다면 절대 가난해지지 않을 것이며, 가난에 봉착했더라도 건실한 생활로 되돌아 간다면 곧 가난을 극복할 수 있을 것입니다.

다섯째, 부처님께서는 "가난할수록 남에게 베푸는 삶을 살아야 한다."고 말씀하셨습니다. 우리는 흔히 가난하기 때문에 베풀 수 없다고 생각합니다. 가난하기 때문에 베풀래야 베풀 것이 없다고 생각합니다. 그러나 조금만 깊이 생각해보면 결코 그렇지가 않습니다. 가난해도 베풀 수 있는 것은 얼마든지 많습니다.

보시에는 세 가지가 있다고 했습니다. 물질을 보시하는 재(財)보시, 가르침을 베푸는 법(法)보시, 위안과 위로를 베푸는 무외(無畏)보시가 있습니다. 가난해도 가르침은 얼마든지 베풀 수 있습니다. 부처님의 진리의 말씀을 혼자만 듣지 말고 어리석은 모든 사람들에게 널리 들려줍시다. 부처님의 가르침을 모르는 많은 사람들을 부처님의 가르침으로 인도해 줍시다. 이것은 가난해도 얼마든지 할 수 있는 보시입니다.

가난해도 위안과 위로는 얼마든지 베풀 수 있습니다. 욕설이나 악독한 말 대신에 부드러운 말 한마디를 보시합시다. 이간질하는 말 대신에 화합하는 말을 보시합시다. 꾸며대고 부풀리는 말 대신에 진솔하고 솔직한 말을 보시합시다. 허황한 거짓말 대신에 정직하고 진실한 말을 보시합시다. 짓밟히고, 빼앗기고, 억눌린, 그래서 외롭고 고독한 사람들에게 위로와 위안을 베풀어줍시다. 이것이 참다운 불자의 길이며 삶입니다.

또한 재보시도 부자만 하는 것은 아닙니다. 자신이 가진 능력의 한도 안에서 얼마든지 베풀 수 있습니다. 천만 원 가진 사람이 십만 원을 보시하는 것이나, 백만 원 가진 사람이 만 원을 보시하는 것이나 그 공덕이 똑같습니다. 그러니 가난하기 때문에 보시할 수 없는 것은 아닙니다.

가난할수록 베풀어야 합니다. 그래야 가난에서 벗어나 부유해질 수 있습니다. 우리가 지금 가난하게 된 것은 우리가 과거에 인색했기 때문입니다. 우리의 인색함이 우리를 가난하게 만들었지만, 우리의 자비로운 보시가 우리를 부유하게 만들어 줄 것입니다.

이러한 것이 부처님의 가르침입니다. 그리고 우리는 부처님의 가르침을 이렇게 믿습니다. 우리는 부처님의 가르침을 믿는 불자들입니다. 부처님은 이렇게 지혜와 자비로써 우리들을 행복의 길로 인도해 주십니다.

Ⅲ. 불교의 사회윤리

1. 정우군과 유마경의 말씀

 여러분들은 얼마 전 세상을 깜짝 놀라게 만든 뉴스를 모르시는 분은 아마도 없을 것입니다. 아들의 손가락을 잘라서 보험금을 타려고 했던 비정한 아버지의 이야기를 듣고 놀라지 않을 사람이 어디 있겠습니까? 세상이 다함께 놀랐습니다. 여러분들도 이 이야기를 듣고 아마 너무나 기가 막혀서 말문이 막히고 어안이 벙벙했을 것입니다.
 사실 이 사건의 범인이 아버지였다는 사실이 처음부터 곧바로 밝혀졌다면 조금은 덜 놀랐을 것입니다. 3인조 떼강도가 단돈 20만원 때문에 초등학교 3학년 학생의 손가락을 자르고 가버렸다고 했을 때, 국민들은 그런 천인공노할 범죄에 치가 떨리는 공분(公憤)을 느꼈습니다. 이 학생은 아무런 죄도 없을 뿐만 아니라 더구나 아무런 반항능력도 없는 10살 짜리 어린아이였습니다. 그래서 우리들

III. 불교의 사회윤리 | 79

은 언론이 앞장서고 온 경찰력을 동원하여 이 천인공노할 범죄자들을 반드시 잡아서 벌주어야 한다고 했던 것입니다. 그래야 다시는 이러한 범죄가 일어나지 않을 것이라고 생각했기 때문입니다.

그런데 너무나 놀랍게도 그 범인이 다름 아닌 그 어린 학생의 친아버지였음이 밝혀졌을 때, 도대체 어떻게 이런 일이 있을 수 있는지 차마 상상도 하지 못했던 우리들은 벌어진 입을 다물지 못했습니다.

이 사건을 보면서 우리 국민들이 느꼈던 주된 반응은 "어쩌면 그런 아버지가 있을 수 있나? 세상에 인륜도덕이 완전히 무너지고 말았구나. 도저히 용서할 수 없는 일이다. 정말 친아버지 맞나? 정신병자 아니냐?"는 등 인륜을 저버린 행위에 대한 '분노'와 무너져 버린 인륜에 대한 '허탈감'이라고 할 수 있습니다.

그리고 이런 분노와 허탈감은 패륜의 아버지가 수감되면서 자연스럽게 불쌍한 아들을 향한 동정심으로 변해가고 있습니다. 더구나 아들 정우군은 성격이 차분하고 온순하여 생손가락이 잘려나가는 그 아픔을 조금도 표현하지 않았으며, 또한 아버지를 원망하기는커녕 도리어 징벌을 받게 될 아버지를 근심 걱정하고 있습니다. 이것을 본 국민들은 너도나도 정우군을 돕겠다고 나서고 있습니다. 그래서 이제 몇 천만 원이라고 하는 제법 적지 않은 돈이

모였고, 그러자 자식과 남편을 버리고 떠났던 비정한 어머니도 다시 아들을 키우겠다고 연락해 왔습니다.

어떤 이들은 패륜의 아버지는 밉지만 정우군을 위해서 아버지를 풀어주어야 한다고 하기도 하고, 한 번 자식을 버린 여자가 또 그러지 말라는 법이 없다고 염려하기도 했습니다. 그러나 인정 때문에 결국 정우군은 외할머니에게 맡겨서 키우기로 결론이 났습니다.

이처럼 정우군 사건을 대하면서 국민들이 보여준 반응은 분노, 허탈, 동정이라고 하는 것이었습니다. 그러나 나는 좀 다른 생각을 했습니다. 나는 정우군 사건을 보면서 많은 '반성'을 했습니다. 분노나 허탈 이전에 이런 사건이 우리들 주변에서 일어나도록 만든 데는 우리들 모두에게 책임이 있다는 생각이 들었습니다. 나는 우리 국민들이 정우군 사건을 보면서 그 비정한 아버지만을 질타하고, 왜 눈길을 자신에게로 돌려서 반성할 줄은 모르는가 하는 생각을 했습니다.

정우군의 아버지가 아들의 손가락을 잘라서 보험금을 타려고 한 행위는 어떠한 경우에도 정당화될 수는 없습니다. 그러나 아내가 도망가고, 병든 몸을 이끌고 막노동으로 생계를 꾸리다가 폐결핵과 당뇨병 같은 심각한 질병을 앓음으로써 직장을 잃고, 아무런 생활대책이 없는 상태에서 빚만 늘어가고, 아들의 급식비조차 대지 못하여 하루

두 끼는 굶고 한 끼로 연명해가는 상황에서 무슨 짓을 해서라도 아들을 먹이고 싶지 않았겠습니까?

제가 지금 말하고 싶은 것은 아들의 손가락을 잘라서 연명하고자 했던 아버지의 행위를 정당화시키자는 것이 아니라, 우리 주변에는 그런 사람들이 언제나 지천으로 널려 있고, 그런 사람들은 결국 우리들이 함께 도와주어야만 한다는 것입니다. 그럭저럭 온전하게 살고 있는 우리들도 사실 따져 보면 남의 도움 없이는 절대 살아갈 수 없는 것입니다. 우리 모두는 나를 둘러싸고 있는 세상의 도움에 의해서 살아가는 것입니다. 이것이 부처님의 가르침인 연기법의 도리입니다. 이것을 깨닫는 것이 바로 다름 아닌 지혜요, 성불인 것입니다.

저는 이번 정우군 사건을 보면서 분노와 허탈에 앞서 깊은 반성을 느꼈습니다. 저들을 저렇게 만든 것은 다름 아닌 바로 우리들이라는 생각이 들었습니다. 우리들이 서로 도우며 함께 살아가야 한다는 연기법의 도리를 등지고, 오로지 나만 잘살면 된다는 이기심에 사로잡혀 남을 돌보지 않음으로써 저런 불행한 사람들이 생기고, 결국 저런 불행한 사람들에 의해서 세상의 질서가 무너지고 악과 부조리가 판치는 불안과 고통의 세상이 된다는 것을 생각했습니다. 그러면서 그 유명한 《유마경》의 말씀이 떠올랐습니다.

유마거사는 이미 깨달음을 성취하여 부처님과 조금도 다름없는 경지에 오른 분입니다. 부처님은 생노병사의 모든 고통으로부터 벗어나 완전한 자유의 해탈을 누리시는 분입니다. 그런데 석가모니 부처님께서 그런 유마거사가 병환을 앓고 있다는 소식을 들었습니다. 그래서 제자들 중에서 수행의 경지가 아주 높은 문수보살을 보내 병문안을 하기로 했습니다. 문수보살은 병식에 누워있는 유미거사에게 물었습니다.

거사님이시여, 그대는 이미 부처님과 다름없는 경지에 이른 분이십니다. 그런데 어찌하여 아직도 병환에서 벗어나지 못하시고 병고를 앓고 계십니까?

이 말은 들은 유마거사의 대답은 제가 가장 좋아하는 경전말씀 중의 하나입니다. 《유마경》에 나오는 이 말씀은 부처님의 가르침을 너무나도 예리하게 정곡을 찔러 깨닫게 해줍니다.

문수보살이시여, 나는 중생들이 아프기 때문에 아픕니다. 중생들이 세상의 온갖 고통 속에서 신음하고 있는데 어찌 저 혼자 아프지 않고 행복할 수 있겠습니까?

저는 유마거사의 이 말씀이야말로 부처님의 가르침을 너무나도 정곡을 찔러 깨우쳐 주고 있다고 믿습니다. 이 말씀이야말로 불자들이 거울삼아 살아가야 할 지침이라고 생각합니다.

세상에 불행이 가득한데도 자기 혼자만 행복하다면 자비롭다고 말할 수 없습니다. 자비롭지 못하다면 불제자가 아니고 불자의 삶이 아닙니다. 어떤 사람들은 불행한 세상 사람들을 바라보면서 '내가 아니라서 다행'이라고 안도감을 갖기도 합니다. 이런 태도야말로 사탄이요 마구니의 태도입니다. 남의 불행을 내 불행으로 여기는 것이 자비입니다. 제가 늘 말씀드리지만 부처님께서 가르쳐 주시는 불자의 삶이란 "세상을 내몸처럼 여기고 살라."는 자비의 삶인 것입니다.

우리가 정우군 같은 사람들의 불행을 내 불행이라고 여기는 자비심이 있었다면, 이번의 정우군 사건은 생기지 않았을 것입니다. 그들에게 조그만 자비심만이라도 가지고 그 아픔을 함께 느끼고, 조그만 도움이라도 미리 베풀었더라면 그런 일은 결코 일어나지 않았을 것입니다.

이 세상에는, 우리의 주변에는 정우네 보다도 더 불행한 사람들로 가득 차 있습니다. 우리가 그들을 외면하고 우리의 행복만을 누린다면 세상은 비명과 고통의 신음소리로 가득차고 슬픔의 눈물로 넘쳐 날 것입니다. 그리고 그 고통의 신음소리와 불행의 눈물은 그들만의 신음소리와 그들만의 눈물로 끝나지 않고 종국에는 우리의 신음소리와 우리의 눈물로 변할 것입니다.

세상에 가득 찬 고통의 신음소리와 불행의 눈물을 우리가 함께 나눔으로써 결국은 기쁨의 노래소리와 행복에 겨운 눈물로 바꾸는 것이 우리 불자들의 사명입니다. 바로 이것이 우리 불자들이 궁극적으로 이루어야 힐 목표인 불국토, 즉 부처님 나라인 것입니다.

우리 이웃의 고통이 바로 나의 고통입니다. 우리 이웃의 고통을 외면하지 말고 함께 나눕시다. 우리 이웃의 고통을 외면하고 부처님 나라를 건설할 수는 없는 것입니다.

2. 용서의 윤리

카필라와 콜리

여러분들도 잘 아시겠지만 부처님의 고향은 '카필라' 성입니다. 이 카필라 성의 동쪽에는 '로히니'라고 하는 작은 강이 흐르고 있었습니다. 그리고 이 강 너머 동쪽에 '콜리'라는 조그마한 나라가 있었습니다. 카필라 성의 석가족과 콜리 성의 콜리 족은 서로 인연이 깊은 관계였습니다. 부처님의 어머니인 마야부인이 바로 콜리에서 시집을 왔습니다. 물론 마야부인의 여동생이고 싯다르타 태자의 이모로서 마야부인이 죽고 난 다음에 태자를 양육해 준 마하파자파띠도 콜리 출신입니다. 또한 부처님의 아내가 되었던 야수다라도 콜리 성 출신입니다.

이 두 나라는 이런 인연으로 깊은 동족의식과 친밀감을

느끼고 있었습니다. 그러나 두 나라는 다같이 같은 강물을 끌어다가 농사를 짓고 있었습니다. 그래서 가뭄이 들면 물 때문에 심심찮게 분쟁을 겪었습니다. 농사를 짓고 살았던 우리 조상들도 때때로 물 때문에 싸움을 하고 심지어는 살인사건까지 일어나곤 했습니다.

이렇게 물 때문에 서로 감정이 나빠진 두 나라 사람들은 서로 자주 다투게 되었습니다. 어느 때 양쪽의 여인들이 강가에 물을 길러 왔다가 함께 어울려 서로 이야기도 나누고 같이 놀았습니다. 그 중의 석가족의 한 여자가 이야기에 정신이 팔려 있다가 일어나며 물동이를 머리에 이는데 남의 또아리를 자기 것인 줄 잘못 알고 집어 들었습니다. 그러자 그 또아리의 임자인 콜리 족 여자가 대뜸 낚아채면서 남의 것을 훔쳐 간다고 욕을 퍼부었습니다. 욕을 먹은 석가족 여자도 지지 않고 마주 싸웠습니다. 그러다가 그만 패싸움이 되고 말았습니다.

두 종족의 패싸움은 나라끼리의 싸움으로 번질 기세였습니다. 부처님까지도 이 이야기를 들어서 알게 되었습니다. 할 수 없이 부처님께서 친히 나시어 싸움을 중재하고 화합을 시켰습니다. 싸움을 말리는 과정에서 부처님은 양쪽 나라 사람들에게 다음과 같은 이야기를 해주었습니다.

검은 사자의 복수심

아득한 옛적 깊은 산 속에 검은 사자가 살고 있었습니다. 보통 사자들은 누런 색인데 검은 털의 사자는 특히 자존심이 세고 남에게 지기를 싫어하며 화가 나면 절대로 물러서지 않고 끝장을 보는 성미를 가졌다고 합니다. 뜨거운 여름날 이 검은 사자가 나무 그늘 밑에 누워서 편히 낮잠을 자며 쉬고 있는데 갑자기 바람이 불어 오래된 밤나무의 작은 마른 나뭇가지 하나가 부러지면서 사자의 머리에 떨어졌습니다. 깜짝 놀란 사자는 화가 나서 '내 요놈의 밤나무에 반드시 복수를 하고 말겠다'고 다짐을 했습니다.

며칠이 지났을 때 한 사람의 목수가 수레를 만들기 위해서 들판으로 나와 나무를 찾아다니고 있었습니다. 사자는 마침 잘 되었다고 생각하고 목수에게 말했습니다. "수레바퀴로는 이 밤나무가 제격입니다. 이 밤나무는 아주 오래 묵어서 잘 갈라지지도 않고 또 잘 부러지지도 않습니다." 라고 가르쳐 주었습니다.

그런데 그 오래 묵은 밤나무에는 목신이 깃들어 있었습니다. 목신은 사자가 목수에게 고자질하는 소리를 다 들었기 때문에 사자에게 원한을 품었습니다. 그래서 목신은 목수에게 "검은 사자의 어깨 가죽은 아주 질기고 푹신해서 수레바퀴에 씌우면 닳지도 않고 부드럽게 굴러갑니다." 라고 일러주었습니다.

이렇게 해서 별것 아닌 일로 서로 미워하게 된 사자와 나무는 서로 복수를 다짐하며 싸우다가 둘 다 죽고 말았습니다. 이처럼 하지 않기는 어렵지만 하게 되면 어느 한 쪽만 온전하기는 어려운 것입니다. 복수는 복수를 낳고 똑 복수를 낳는 것입니다.

장수왕의 인격

옛날 인도에 장수왕이라는 왕이 있었고 그에게는 장생(長生)이라는 왕자가 있었습니다. 장수왕은 자비와 정의로 나라를 다스렸으므로 비바람이 순조롭고 오곡이 풍성하여 백성들은 태평성세를 노래했습니다. 그런데 이웃 나라의 포악한 왕은 이를 질투하여 마침내 군사를 일으켜 쳐들어 왔습니다. 신하들이 이웃 나라의 침공을 보고하자 장수왕은 "만일 우리가 이기면 그들이 죽을 것이고 그들이 이기면 우리가 죽을 것이다. 저쪽 군사나 이쪽 군사나 다 소중한 목숨들이 아니냐. 누구나 제 몸이 소중하고 제 목숨이 아깝기는 마찬가진데 내가 살기 위해 남을 죽이는 것은 어진 사람의 도리가 아니다."라고 말한 뒤, 태자 장생에게 말했습니다.

"저 이웃 나라 왕은 우리나라를 가지고 싶어한다. 내 신하들은 나 한 사람의 왕위를 지탱하기 위해 선량한 백성들의 목숨을 희생할 것이다. 백성들의 입장에서는 누가 왕이 되든 마찬가지다. 나는 차라리 이 나라를 저 왕에게 내주어 백성들의 생명과 재산을 보호하리라."

태자 장생도 부왕의 깊은 뜻을 헤아리고 모든 것을 버리고 성을 나와 산중으로 들어가 숨어버렸습니다. 그러나 후환이 두려운 이웃 나라의 왕은 장수왕 부자를 잡으려고 현상금을 내걸었습니다.

모든 것을 다 잃어버린 장수왕은 어느 날 마을에서 멀지 않은 나무 밑에 앉아 덧없는 인생과 허무한 세상일을 생각하고 있었습니다. 그때 지나가던 한 바라문이 왕에게 보시를 청했습니다.

"나는 지금 아무것도 가진 것이 없습니다. 그러나 지금 새 임금은 나를 잡기 위해 막대한 현상금을 내 걸었습니다. 그러니 당신은 나를 신고하십시오. 이것이 내가 당신에게 보시할 수 있는 유일한 것이오. 나야 이제 살만큼 살았고 또한 호강도 원 없이 해봤습니다. 살 날도 얼마 남지 않았는데 이렇게 죽으나 저렇게 죽으나 죽는 것은 매일반이니 마지막으로 좋은 일이니 하고 죽고 싶습니다."

왕은 드디어 붙잡혀 형장으로 끌려가게 되었습니다. 그때 아들 장생이 이 소식을 듣고 나무꾼으로 변장하여 부왕 가까이 다가갔습니다. 장수왕은 아들을 알아보고 말했습니다.

"너는 내 마지막 훈계를 명심하라. 원한을 품어 그 재앙을 후세에 길이 남기는 것은 효자의 도리가 아니니 원한을 복수로 갚지 말라. 원한은 결코 복수로는 끝낼 수 있는 것이 아니다. 네가 복수를 하면 저 왕의 후손들이 또 너에게 복수를 하려 들 것이다. 원한은 오로지 용서로만 끝낼 수가 있다. 저들을 용서하거라."

그러나 장생은 부왕의 비참한 마지막 최후를 보고는 복수를 포기할 수 없었습니다. 그래서 장생은 복수를 결심하고 원수를 갚기 위해 그 포악한 왕의 군대에 지원했습니다. 성실성과 용맹과 지혜를 인정받은 장생은 드디어 왕이 알아보지 못하는 사이에 그의 호위대장이 되었습니다.

호위대장이 장생인 줄 모르는 왕은 그와 함께 사냥을 나갔습니다. 짐승을 따라 깊은 산 속으로 들어간 두 사람은 그만 길을 잃었습니다. 사흘동안 아무것도 먹지도 못하고 헤매던 왕은 칼을 풀어 장생에게 맡기고 그의 무릎을 베고 드러누워 버렸습니다. 아버지의 원한을 갚고 복수를 할 수 있는 절호의 기회를 맞이한 장생은 칼을 뽑아 왕의 목을 내리치려고 하였습니다. 그런데 그 순간 임종을 앞두고 당부하던 아버지의 말씀, 즉 "원한을 원한으로 갚지 말라. 내 말을 어기면 효자가 아니다."라는 유훈(遺訓)이 떠올랐습니다. 그는 뽑아 들었던 칼을 도로 칼집에 꽂았습니다.

그러나 억울하고 참혹하게 목이 잘린 아버지의 최후를 생각하고는 다시 칼을 뽑아 들었습니다. 그러나 아버지의 유훈을 생각하고는 다시 칼을 거두고 하기를 세 번이나 거듭했습니다. 결국은 그러는 중에 왕이 잠에서 깨어났습니다. 장생은 왕에게 말했습니다. "저는 대왕에게 희생된 장수왕의 아들 장생입니다. 저의 아버지는 돌아가시면서 저에게 원한을 원한으로 갚지 말라고 하셨습니다. 그런데 저는 어리석게도 악을 악으로 갚으려고 하여 세 번이나 칼을 뽑았습니다. 그러나 다행히 그때마다 아버지의 유훈이 생각나 칼을 버렸습니다. 길을 잃은 것도 사실은 제가 일부러 한 짓입니다. 대왕이시여, 원한에 사무쳐 복수심을 버리지 못한 이 어리석은 저를 처벌하여 주십시오. 그리하면 새로 태어난 저의 영혼은 다시는 이런 나쁜 생각을 내지 않을 것입니다."

장생의 이 말을 들은 왕은 장생과 그의 부왕의 인격에 감명을 받고 깊이 뉘우쳤습니다. 그리하여 도리어 장생에게 무릎을 꿇고 말했습니다. "실로 나는 어리석고 포악하여 선악을 구별하지 못했소. 그대의 선친은 참으로 훌륭한 성인이었소. 비록 나라를 잃고 목숨을 잃었지만 그 덕은 잃지 않고 진리를 잃지 않았소. 그리고 내 목숨은 그대의 것이었으나 그대는 나를 용서하고 나를 죽이지 않았소. 그대는 아버지의 유훈을 잘 이어받은 진정한 효자요."

왕은 이렇게 말하고 장생의 나라를 그에게 되돌려 주고 자기 나라로 되돌아갔습니다.

용서에서 드러나는 불심

뉴욕과 워싱턴에 비행기 자살테러가 일어나 수많은 미국 사람들이 목숨을 잃었습니다. 자존심이 상하고 분노가 치민 미국은 복수를 다짐하고 있습니다. 막강한 미국의 영향력을 잘 알고 있는 여러 나라들이 미국의 편을 들고 나섰고, 미국이 원하기만 한다면 미국과 힘을 합쳐 싸우겠다고 선언을 했습니다. 미국이 어느 사람을 범인으로 지목하고 또 그 사람을 보호해주는 나라가 드러나면, 여러 나라들 사이에 대규모 전쟁이 일어나지 말라는 법이 없게 되었습니다. 우리나라는 재해 현장에 구조대를 보내겠다는 제의를 했지만, 쉽사리 전쟁에 휘말리지는 않을 것입니다.

그러나 우리나라가 직접 전쟁에 휘말리지는 않을지라도 다른 나라들이 서로 싸우게 되면 우리 역시 막대한 피해를 당하게 됩니다. 며칠 동안 미국에 비행기가 들어가지 못하는 것 정도는 아무것도 아닙니다. 벌써 우리 상품의 미국 수출이 지연되고 있고 막히고 있습니다. 미국 경제가 가라앉으면 한국 경제는 덩달아 가라앉게 되어 있습니다. 미국이 재채기를 하면 일본이 기침을 하고, 일본이 기침을 하면 우리나라는 감기몸살을 한다고 하지 않습니까.

미국은 복수심에서 한풀이를 하려고 하면 안 됩니다. 또한 우리나라도 미국의 눈치를 보면서 미국에게 맞장구를 치면 안 됩니다. 그것은 모두가 함께 공멸하는 길로 달려가는 어리석은 짓입니다. 미국이 복수를 하면 당한 사람들은 또다시 복수를 하려고 벼를 것입니다. 사실 이번의 테러사건도 미국에 대한 복수심에서 비롯된 것입니다.

이런 국제간의 분쟁뿐만 아니라 개인간의 일에서도 원한을 복수로 갚으려 드는 것이 보통사람들의 마음이지만, 불자들은 그런 마음에서 벗어나 원한을 용서로 갚는 진정한 용기를 보여주어야 합니다. 이것이 바로 진정한 불교의 윤리인 것입니다.

IV. 승가 공동체의 윤리

1. 승가의 정신

 교조·교리·교단 이 셋을 흔히 제도종교의 3요소라고 합니다. 유교나 힌두교는 3요소 중에서 교단이 없기 때문에 확산종교라고 하고, 불교나 기독교는 이 3요소를 모두 갖추고 있기 때문에 제도종교라고 합니다. 기독교의 교단은 교회라고 하며, 불교의 교단은 산스크리트어로는 상가(saṃgha)라고 하고 우리 말로는 승가라고 합니다. 이 상가는 좁게는 3인 이상의 출가 수행자 집단을 가리키지만, 넓게는 남녀 재가신도를 합쳐서 사부대중을 가리키기도 합니다.

상가의 의미

 그런데 부처님의 가르침대로 따라 실천하며 살아가는

집단인 이 상가의 말뜻이 아주 의미심장합니다. 상가라는 말은 '화합' 혹은 '단합' 의 의미를 가지고 있습니다. 즉 교단의 구성원들은 누구나 서로 화합하고 단합해야 한다는 것입니다. 사부대중은 계율을 지키고, 참선을 하고, 깨달음을 성취하는 등 수행도 열심히 해야하지만 무엇보다도 우선 화합을 이루어야 한다는 것이 그 이름에서 잘 드러나고 있는 것입니다.

사람은 혼자서 살 수 없으며 둘 이상이 서로 모여서 군집생활을 하는 사회적 동물입니다. 그래서 사람들이 모여서 사는 곳을 사회라고 합니다. 사람들이 모여 사는 사회에서는 사람과 사람과의 관계를 규정하는 윤리가 중요하고 또 윤리를 강제하는 제도인 법이 중요합니다. 그러나 인간사회에서 윤리나 법보다도 더욱 중요한 것은 화합의 정신입니다. 그러므로 법률적 판단을 내리는 법원에서도 소송에 들어가기 전이나 최종적인 판결을 내리기 전에 먼저 화해를 시키려고 노력하는 것입니다. 부처님께서도 공동생활을 하는 인간에게 가장 중요한 요소가 화합임을 분명히 하셨습니다.

육화법(六和法)

부처님께서는 제자들과 일반 대중들에게 화합의 중요성

에 대해서 자주 말씀하셨습니다. 그 중에서도 대표적인 것이 육화법, 즉 '여섯 가지 화합하는 법'입니다. 언제인가 우리의 교단이 화합을 이루지 못해 차마 말로 형언하기 싫은 추태를 보였지만, 부처님께서 생존해 계시는 동안에도 종종 제자들 사이에 사소한 의견대립으로 인한 불화를 드러내는 경우가 있었습니다. 부처님께서는 승단의 화합이 깨어질 때 이를 가슴아프게 여기시고 훈계하는 말씀을 하셨습니다. 그것이 바로 여섯 가지 화합하는 법입니다.

"비구들이여, 여기 잊지 않고 실천해야 할 여섯 가지 화합하는 법이 있다. 이 여섯 가지 실천으로써 서로 화합하여 다투는 일이 없도록 하라. 첫째, 함께 같은 계율을 지켜라. 둘째, 대중의 합의에 맞추어 행동하라. 셋째, 받은 공양을 똑같이 나누어라. 넷째, 한 장소에 모여서 살아라. 다섯째, 항상 말을 자비롭게 하라. 여섯째, 항상 남의 뜻을 존중하라."

대중이 서로 화합하기 위해서는 무엇보다도 먼저 서로 계율을 잘 지켜야 한다는 말씀입니다. 사실 부처님께서 제정해주신 계율에 어긋나지 않게만 산다면 대중들 사이에 화합은 저절로 이루어 질 것입니다. 대중들 가운데서 계율을 지키지 않는 사람이 있을 때 상가의 화합이 깨지는 것입니다. 상가의 수많은 계율들이 대중들의 화합을 위해서 제정되었습니다. 뿐만 아니라 본질적으로 계율은 대중들의 화합을 이루어 내는 성격을 가지고 있기 때문입니다.

둘째, 부처님께서는 "자신의 견해를 세우지 말고 대중의 합의를 따르라."고 했습니다. 불화는 대중의 합의를 따르지 않고 자신의 견해를 세우거나, 남이 자신의 견해를 따라 주지 않는데 대해서 화를 내기 때문에 생기는 것입니다. 자신의 사사로운 견해를 버리고 대중의 합의에 따른다면 불화는 결코 생길 수 없는 법입니다. 여러분은 어떤 경우든 여러 사람이 모여 의사를 집약할 때에 반드시 대중의 합의에 따라야만 합니다. 대중의 합의를 이룰 때까지는 다양한 의사를 자유롭게 개진할 수 있겠지만, 일단 대중의 합의가 이루어지고 난 다음에는 그것이 자신의 견해와 다를지라도 반드시 따라야만 하는 것입니다.

셋째, 부처님께서는 "승단의 한 구성원으로서 재가신자와 승단의 혜택을 골고루 평등하게 누려야 한다."고 말씀하셨습니다. 누군가가 혜택을 독점하려고 할 때 불화가 싹트는 것입니다. 지난번의 그 부끄러운 종단의 추태도 종단의 책임있는 자리를 혼자서 독점하려고 하는 바람에 비롯된 것입니다. 콩 한쪽이라도 대중이 똑같이 평등하게 나누어 먹는 것이 상가의 기본정신입니다. 상가의 구성원들은 어떠한 차별도 두어서는 안됩니다. 상가는 신분, 학력, 연

령, 경제력 등 어떠한 차별도 용인되지 않습니다. 모든 것이 절대 평등해야 합니다. 여러분들 중에서도 절에 수십 년 다닌 분이 있는가 하면 이제 막 불교에 입문한 사람도 있을 것입니다. 그러나 초심자는 신행 선배를 자발적으로 존중하고 따라야 하는 것이지, 어떠한 인위적인 차별을 두어서는 안 되는 것이 부처님의 가르침입니다.

넷째, 부처님께서는 "불자는 출가 수행자든 재가 신자든 독불장군이 되어서는 안 된다."고 말씀하셨습니다. 인간은 더불어 사는 존재입니다. 대중과 함께 살지 않고 혼자 살게 되면 자기 중심적으로 되기 쉽습니다. 요즈음 외동으로 혼자 자라는 아이들이 자기밖에 모르는 인격으로 성장하는 것도 바로 이런 뜻입니다. 부처님의 가르침은 자기가 아니라 남을 중심으로 생각하고 살라는 것입니다. 대중과 함께 살라는 것은 바로 그런 뜻입니다. 대중과 함께 살면서 항상 자기 중심이 아니라 대중을 함께 생각하는 태도로 살아야 한다는 뜻입니다. 우리나라 속담에 "중이 제 머리 못 깎는다."는 말이 있습니다만, 이 말뜻은 스님이 자기 혼자 머리를 깎을 줄 모른다는 뜻이 아닙니다. 자기 머리도 얼마든지 자기 혼자 깎을 수 있습니다. 이 말의 정확한 뜻은 스님은 자기 머리를 자기 혼자 깎아서는 안된다는 뜻입니다. 스님은 자기 머리를 남에게 깎아달라고 해서 깎아야 된다는 뜻입니다. 왜냐하면 불자는 자신이 아니라 남을 위해서 살아야 하며, 그러기 위해서는 대중과 함께 더불어 살아야 하기 때문입니다. 남에게 머리 깎는 수고를 끼치지 않는 것이 남을 위하는 것이 아닙니다. 남에게 머리 깎는 복을 지을 수 있는 기회를 주어야 하며, 자신 역시 남을 위해 머리를 깎아주어야 하고 그 보다도 더 많은 일을 해서 갚아 주어야 하는 것입니다. 이것이 대중과 함께 살아야 한다는 불자의 삶의 방식인 것입니다.

다섯째, 불화를 일으키기 가장 쉬운 것은 잘못된 말버릇입니다. 사람의 혀가 세 치밖에 안되지만 이 혀가 사람을 죽이기도 하고 살리기도 합니다. 사람과 사람이 접촉할 때 가장 먼저 주고받는 것이 말입니다. 그런 의미에서 인간 세상에 있어서 가장 중요한 것이 말이라고 할 수 있습니다. 그래서 "말 한마디로 천냥 빚을 갚는다", "가는 말이 고와야 오는 말이 곱다", "쌀은 쏟고 주워도 말은 하고 못 줍는다."는 등 말에 관한 수많은 속담이 있습니다. 속담 중에서 말에 관한 것이 가장 많다고 합니다. 이것만 보아도 인간의 삶 중에서 말이 얼마나 중요한 것인지 짐작할 수 있습니다. 특히 거짓말, 욕하는 말, 이간질하는 말, 꾸며대는 말은 상대를 실망시키고 화나게 합니다. 진실한 말, 부드럽고 점잖은 말, 사실에 부합하는 말을 하면 불화를 만들 일이 없습니다.

여섯째, 부처님께서는 "항시 남의 뜻을 존중하라."고 말씀하셨습니다. 갈등과 불화는 남을 무시하고 자기 뜻만을 세우려고 하는 데서 생기는 것입니다. 항시 남의 뜻을 따라 주고 존중해 주면 결코 불화는 생기지 않습니다. 간혹 남을 무시하지 않으면 자기가 무시당한다고 느끼고, 남을 꺾고 자신의 뜻을 관철시켜야 직성이 풀리는 사람들이 있습니다. 이런 사람들은 열등의식이 많은 사람들입니다. 자신의 무의식 속에 항시 자신은 남보다 못하다는 생각이 자리잡고 있기 때문에 반드시 남을 이겨야 하고 남에게 드러나게 인정을 받아야 한다는 강박관념에 사로잡히는 것입니다. 무의식 속에 열등감이 없는 사람은 굳이 남에게 인정받고 남을 이겨야 한다는 생각에 사로잡히지 않습니다. 남이 드러나게 인정해주지 않아도 불안하지 않기 때문입니다.

이런 사람은 스스로 무의식 속에서 열등감이 아니라 자신감을 가지고 있기 때문에 남을 존중해주고 칭찬해주는 여유를 가질 수 있습니다. 남을 칭찬하거나 존중해주지 못하고, 항시 남을 비판하거나 험담하고, 결국 남을 꺾어야 직성이 풀리는 사람은 틀림없이 무의식 속에서 열등감에 사로잡힌 사람입니다. 여러분 자신을 한번 스스로 뒤돌아보십시오, 자신이 남을 칭찬하고 존중해주기를 잘하는 사람입니까? 아니면 남을 잘 헐뜯고 꺾어 이겨야 직성이 풀리는 사람입니까? 그 대답에 따라 자신의 무의식 속에 열등감이 자리하고 있는지 자신감이 자리하고 있는지를 알 수 있습니다. 남을 칭찬하고 존중해 주는 세상에서 불화는 있을 수 없는 것입니다.

화합이 깨어질 때

이것이 부처님께서 우리들에게 가르쳐주신 여섯 가지 화합하는 법이며, 상가의 기본정신인 것입니다. 그러나 상가도 인간들의 집단이기 때문에 불화를 겪습니다. 따라서 부처님께서는 화합이 깨어지고 불화가 생겼을 때 가져야 할 태도에 대해서도 말씀해주시고 있습니다.

"대중이 화합하지 못했을 때는 각자 행동을 더욱 삼가야 한다. 법답지 못한 행동이 있을 때는 참고 견디며 법다운 일이 행해지도록 자비로운 마음으로 더욱 힘써야 한다."

불화에 대처하는 부처님의 가르침을 다시 해석하면 세 가지로 요약할 수 있습니다. 첫째, 인내심을 가지고 참아야 한다는 것입니다. 불화에 대해서 참지 못하고 똑같은 방식으로 대응한다면 불화는 결코 그치지 않을 것입니다. 그래서 육바라밀의 세 번째 실천덕목에 인욕이 있는 것입니다. 어떠한 불화에도 인내심을 가지고 참아낼 수 있다면 불화는 가장 빠른 시간 안에 끝날 수 있을 것입니다.

둘째, 불화가 생겼을 때 우리는 자신보다도 남을 먼저 탓하기 쉽습니다. 그러나 부처님께서는 남을 탓하기에 앞서 자신을 반성해야 한다고 하셨습니다. 불화 앞에서 남의 탓을 찾기 전에 먼저 자신의 허물을 살피고 더욱 근신해야 한다는 말씀인 것입니다.

마지막으로 대중 사이에 불화가 생겼을 때, 우리는 그것을 외면하고 싶고 거기서 벗어나고 싶어합니다. 그러나 부처님께서는 그렇게 하는 대신에 그 불화를 화합으로 바꾸기 위해서 더욱 노력해야 한다고 가르치십니다. 불화가 생겼을 때 그것을 외면하고 거기서 떠나는 것은 아주 쉽습니다. 반면에 불화를 화합으로 바꾸기 위해 노력하는 것은 아주 어렵습니다. 그러나 불자의 길은 쉬운 길만 찾아가는 것이 아닙니다. 어렵더라도 옳은 길을 가는 것이 불자의 삶입니다. 그러니 우리는 불화가 생겼을 때, 외면하고 떠날 것이 아니라 화합을 위해 더욱 노력해야만 하는 것입니다.

이러한 것은 상가에만 해당하는 이야기가 아닙니다. 지금 여러분들이 제가 하는 이야기를 남의 이야기로 들어서는 안 됩니다. 이 상가의 이야기는 인간이 사는 사회, 즉 모든 세상에 해당합니다. 여러분의 가정도 마찬가지이고 어떤 신행단체도 마찬가지로 해당합니다. 즉 세 사람 이상이 모인 곳이면 어디든지 해당하는 이야기입니다. 그러니 상가를 위한 부처님의 가르침은 우리 모두에게 해당하는 이야기인 것입니다.

화합의 요체

지금까지 화합을 여러 가지로 설명했습니다만, 화합의 요체를 한마디로 말하자면 하심(下心)이라고 할 수 있습니다. 하심이란 자기를 낮추는 마음자세입니다. 불화는 이기심으로 자기를 내세우고 자기를 높이는 데서 생겨나는 것이며, 화합은 이타심으로 자기를 버리고 남을 높이는 데서 이루어지는 것입니다.

우리의 종단이나 여러분의 가정이나 모두 이기심으로 자기를 높이는 사람들 때문에 불화가 생기는 것입니다. 불화를 이기고 화합을 만드는 것은 매우 간단합니다. 자기를 버리고 자기를 낮추는 것입니다. 이기심을 버리고 이타심으로 사는 것입니다. 이타심으로 사는 것은 일견 어렵고 이기심으로 사는 것은 일견 쉬워 보입니다. 왜냐하면 지금까지 우리는 줄곧 이기심으로 살아왔기 때문입니다.

그러나 여러분들이 한번이라도 이타심으로 살아본다면 그것이 가져오는 기쁨을 아실 것입니다. 그것은 일시적이거나 상대적인 기쁨이 아니라 영원하고 절대적인 기쁨인 것입니다. 그것이 진정한 행복입니다. 부처님께서는 육화법의 가르침을 통해서 우리들에게 진정한 행복으로 가는 길을 가르쳐 주시는 것입니다.

2. 무소유와 무집착의 생활

인간의 소유본능

인간은 본질적으로 소유본능을 가진 존재입니다. 바로 그 점이 인간과 동물이 구분되는 가장 큰 특징 중의 하나이기도 합니다. 동물은 생존을 위한 최소한의 조건인 배고픔이나 추위를 모면하는 것으로 만족하지만, 인간은 그것이 충족된 이후에도 끝없는 소유를 추구합니다. 아무리 사나운 동물이라도 배가 부르면 절대로 약한 동물을 죽이지 않습니다. 동물들은 오로지 먹기 위해서거나 아니면 자신을 보호하기 위해서만 살생을 합니다. 그러나 인간은 소유하고 축적하기 위해서 다른 존재들을 죽입니다.

인간의 이 소유본능을 가장 잘 파악하고 있는 것이 현대의 자본주의 산업사회입니다. 자본주의 산업사회의 경제체제는 본질적으로 소유의 욕망을 조장합니다. 소유의 욕망에 의해서 물건이 팔리고, 물건이 팔려야만 생산이 이루어지고, 그래야만 이윤이 생기기 때문입니다. 황금만능주의 혹은 물신(物神)주의로 지칭되는 이 그칠 줄 모르는 소유욕의 추구는 오늘날 이 사회를 병들게 하는 가장 큰 주범입니다.

동서고금의 종교들은 이러한 소유욕을 인간문제의 중요한 주제로 간주하고 저마다 독특한 교의(教義)를 제시하고 있습니다. 종교는 인간의 어떠한 문화보다도 '무소유'의 삶을 강조합니다. 무소유는 모든 종교의 궁극적 가르침입니다. 오늘은 무소유라는 주제를 가지고 불자들의 마음가짐과 실천에 대하여 살피고자 합니다.

무소유의 깨달음

불교교단은 남녀 출가 수행자, 남녀 재가 신행자의 사부대중(四部大衆)으로 이루어지지만, 그 중심은 출가 수행자인 비구(bhiksu)로 구성됩니다. 비구란 걸사(乞士), 즉 빌어서 사는 수행자라는 의미로서 위로는 부처님의 법을 빌고 아래로는 일상생활의 모든 것을 빌어서 사는 수행자라는 의미입니다. 이 비구라는 말이 의미하는 것처럼 불교의 수행자는 철저히 무소유의 삶을 사는 존재입니다.

비구들이 수행과 생활을 위해서 소유가 허락된 물건은

전부 다해서 여섯 가지뿐입니다. 즉 큰 옷(僧伽梨 : saṃghāṭi), 겉옷(鬱多羅僧 : uttara-āsaṅga), 속옷(安陀會 : antaravāsaka), 밥그릇(鉢盂 : pātra), 물거르개(漉水囊 : parisravana), 좌구(尼師壇 : nisīdana)등 여섯 가지입니다. 이것들을 흔히 비구 6물(物)이라고 합니다. 초기교단의 비구는 이 외의 어떠한 소유도 엄격히 금지되었습니다. 비구들은 이 여섯 가지의 소유물을 가지고 우기(雨期 : 安居)에는 나무 밑이나 동굴 속에서 명상을 실천하고 건기(乾期 : 解制)에는 선지식을 찾는 구법(求法)여행이나 포교를 위한 전도(傳道)여행을 떠나야만 합니다.

비구들이 이러한 엄격한 무소유의 삶을 살아가는 것은 무엇 때문일까요? 오늘날 우리들이 그토록 열렬히 추구하는 물질적 풍요를 버리고 철저히 무소유의 길을 가고자 하는 것은 어떠한 이유이겠습니까? 사람의 행동 그 이면에는 그렇게 행동하게끔 하는 어떤 가치관이 있을 것입니다. 비구들은 그처럼 무소유로 살지 않으면 안 되는 어떤 가치관을 가졌을 것입니다. 즉 무소유의 삶에는 무소유의 정신이 있음에 틀림없습니다.

부처님의 무소유에 관한 가르침은 경전에 잘 나타나 있습니다. 특히 《반야경(般若經)》은 무소유의 정신을 명쾌하게 드러내 보여 주는 것으로 유명합니다. 《반야경》의 중심사상은 반야바라밀다(般若波羅密多 : prajñāpāramitā)를 실현하는 데 있습니다. 반야바라밀다는 중국어로 '도피안(渡彼岸)'으로 번역되었는데, 이것은 '지혜로써 저 언덕으로 건너가다' 라는 뜻입니다. 여기서 바다로 상징된 건너 가야할 대상은 욕망에 휩싸인 번뇌이고, 저 언덕으로 상징된 건너간 지점 혹은 상태는 열반, 해탈, 깨달음입니다. 이 깨달음이란 바로 다름 아닌 일체 존재는 절대로 얻을 수 없는(不可得) 것이며 소유할 수 없는(無所有) 것임을 깨닫는 것입니다. 바꾸어 말하자면 무소유와 불가득을 깨닫는 것이 바로 반야바라밀다, 즉 지혜의 성취인 것입니다. 다시 한 번 말하자면, 일체의 불가득을 깨닫고 무소유를 실천해야만 성불하여 완전한 행복을 누릴 수 있다는 뜻입니다.

《대품반야경(大品般若經)》은 이 점을 명백하게 설파하고 있습니다.

"보살이 반야바라밀을 행하고자 할 진데 마땅히 이와 같이 사유하여야 하나니, 무엇을 반야바라밀이라하며 어찌하여 그 이름을 반야바라밀이라 하며 누가 반야바라밀이라 하는가? 만약 보살마하살이 반야바라밀을 행하고자 할 진데, 그 (수행)법은 무소유이며 불가득이니 이것이 반야바라밀이니라."

여기서 분명하게 드러난 것처럼 반야바라밀다는 바로 불가득의 도리를 깨닫는 것이며 무소유를 실천하는 것입니다. 불가득의 도리를 깨닫고 무소유의 삶을 살 때 우리는 행복해 질 수 있다는 것이 부처님의 가르침입니다. 많이 소유할수록 더 행복할 것이라는 우리의 생각과는 전혀 다릅니다. 부처님의 가르침에 의하면 소유의 욕망은 자신은 물론 남까지 불행하게 만드는 것이라고 합니다.

'진리의 말씀' 이라는 뜻의 《법구경(dhammapāda)》에서도 욕망을 끊어버리는 것이 진정한 수행이라고 강조하고 있습니다.

"황금이 소나기처럼 쏟아질지라도
사람의 욕망을 다 채울 수는 없다.
욕망에는 짧은 쾌락에
많은 고통이 따른다." 186

"몸과 마음에 내 것이란 생각이 없고
그것이 없어지더라도
조금도 걱정하지 않는 사람
그를 진짜 수행자라 부른다." 367

"수행자여, 배 안에 스며든 물을 퍼내면

배가 가벼워 속력이 빨라질 것이다.
이와 같이 탐욕과 성냄을 끊어버리면
마침내 열반의 나루에 닿게 되리라." 369

《유교경(遺敎經)》에서도 무소득과 재물에 대한 수행자의 마음자세를 자세히 설명하고 있습니다
"부처님께서 말씀하셨다. 출가 사문들은 욕망을 끊고 애착을 버리고 마음의 근원을 알아서 깨달음의 깊은 이치에 도달하여 무위(無爲)의 법을 깨닫고, 안으로도 얻는 바가 없고[不可得] 밖으로도 구함이 없어서[不可求] 마음이 도에 얽매임이 없어야 하고 또한 업에도 얽힘이 없어야 한다.
부처님께서 말씀하셨다. 삭발을 하고 사문이 되어 도법을 받은 자들은 세상의 자산과 재물을 버리고 빌어서 얻는 것으로 만족해야 한다. 하루에 한끼만을 먹고 한 나무 아래서는 하룻밤만을 묵으며 삼가 두번 묵지 말지니, 두 번 이상 묵게 되면 어리석음과 애착과 욕망이니라."

우리가 매일 외우는 《반야심경》 역시 무소득의 가르침을 분명하게 밝힙니다.

"지혜도 없고 또한 얻을 것도 없다[無智亦無得]. 얻을 것이 없는 까닭으로 보리살타는 반야바라밀다를 의지한다.

그러므로 마음에 걸림이 없고 마음에 걸림이 없는 까닭으로 두려운 바가 없고 전도된 몽상을 멀리 여읜다."

이《반야심경》의 가르침에서 분명해 진 것처럼 불교가 말하는 무소유의 정신이란 단순히 사물을 소유하지 않는, 그래서 가난하고 청빈하다는 차원에서 그치는 것이 아닙니다. 만일 가지지 않는 것이 무소유의 정신이라면 가진 것이 하나도 없는 거지가 무소유를 가장 잘 실현하는 자일 것입니다. 진정한 무소유의 정신은 세계와 인간의 실상이 무소유임을 '깨닫는 것' 입니다. 가진 것을 버리기에 앞서 세계와 인간의 실상이 무소유임을 깨닫는 것이 무소유를 실현하는 첫걸음인 것입니다.

무소유의 실천

이러한 무소유의 정신에 따라 비구들의 소유물과 소유 행위는 엄격히 규제되었습니다. 비구들은 앞에서 말한 여섯 가지 소유물을 제외한 어떤 것도 갖는 것이 철저히 금지되었고, 나아가 여섯 가지 필수적 소유물에 대해서도 최소한의 규정을 두어 엄격히 제한하였습니다.

초기교단의 비구들은 집을 소유해서도 안되었으며 나무 아래나 바위 동굴 사이에서 명상했습니다. 그들은 필요 이상의 의복을 가져서도 안되었으며. 옷은 부끄러운 곳을 가리고 추위와 벌레로부터 몸을 보호할 수 있을 정도면 충분했습니다. 그래서 비구들의 옷은 남이 쓰고 버린 헝겊으로 만든 걸레(糞掃衣) 같은 것입니다. 음식도 마찬가지입니다. 음식이란 도를 닦기 위해서는 육신이 필요한 만큼, 육신을 지탱하는데 필요한 것입니다. 그것도 스스로 만들어서 마련하는 것이 아니라 남이 주는 것만을 받아야 합니다. 의식주에 관한 이 모든 제한적 조치의 목적은 소유하고자 하는 의식과 행위에서 철저하게 벗어나도록 하고자 함에 있습니다. 의식주에 관한 소유의 금지가 이토록 철저했으므로 물질로서 교환가치를 갖는 금은이나 화폐 혹은 소금 같은 것은 더욱 말할 필요도 없었습니다.

비구들은 전도여행을 떠나기 전에 신자의 시물(施物)이나 승가의 배분품을 받아 정비하여 전도여행에 대비하여야 합니다. 비구는 음식뿐만 아니라 옷도 빌어야 하지만 그것도 달라고 자신이 직접 요구해서는 안됩니다. 새 옷이나 새 좌구 등을 만들 때에도 먼저 사용하던 옷이나 좌구의 헌 재료를 일정량 이상 덧보태 사용해야 합니다. 의복 등 좌구나 침구를 만드는 재료 또한 엄격한 규정을 하고 있습니다. 비단이나 융단 등을 사용하는 것을 금하고 있습니다. 그리고 새로운 좌구나 침구는 최소한 6년 이상 사용해야 하며 승단의 허가없이 6년 이내에 버리는 것을 금지

합니다. 6년이 지났다 하더라도 헌 것을 버리지 아니한 채 다시 만들어 가지는 것을 금지합니다.

금전이나 금은 등 귀금속에 대해서는 더욱 엄격히 규제하고 있는 것은 말할 필요도 없습니다.

"만약 비구가 손수 금은 혹은 돈을 취하거나 혹은 사람을 시켜서 취하거나 혹은 놓여 있는 것을 취하면 니살기파일제(尼薩耆波逸提)이니라."

니살기파일제(nissaggiya-pācittiya)는 비구나 비구니스님들이 어기면 절대 안되는 소유에 관한 30가지 계를 말합니다. 이 계를 어기면 지옥에 떨어집니다. 그 중의 하나인 이 조항의 내용은 손수 금은이나 돈을 받아서는 안되며, 자신을 위하여 사람을 시켜서 대신 받도록 해서도 안되며, 또한 손으로 직접 받지 않고 땅 위에 놓아두고 주는 것을 승인하여 받아도 안된다고 하는 것입니다.

이처럼 부당하게 얻은 금은이나 돈은 승가의 처분에 따라 처리됩니다. 이 때 승가는 이 재물을 공동의 목적을 위해 써야 합니다. 또는 비구 가운데서 금은이나 돈을 버릴 사람을 뽑아서 남은 물론 자신도 버린 장소를 모르도록 강 가운데나 절벽 등에 버립니다. 그야말로 철저한 무소유의 실천입니다. 비구는 갖가지 방법으로 금은 보물을 매매해서도 안됩니다. 이익이나 이식을 위해서 매매하는 행위는 금지됩니다. 출가 수행자에 관한 부처님의 가르침은 자본주의 산업사회의 체제를 부정한다고 보아야 합니다. 물물교환 역시 출가 수행자간 외에는 금지됩니다.

고려시대의 보조국사는 초보 수행자를 위한 글에서 소유욕의 재앙은 심하기가 독사보다도 더하다고 경계하고 있습니다.

무소유와 불자의 생활

현대사회는 더욱 물질문명화 되어가고 인간의 생활은 갈수록 소유욕으로 충만 되어가고 있습니다. 종교라고 해서 그들의 물질적 풍요를 위한 추구를 완전히 외면할 수는 없게 되었습니다. 그러나 종교는 동시에 인간이 물질적 소유욕에 함몰되어 불행해 지는 것도 구제해야만 합니다.

초기 원시불교 교단뿐만 아니라 오늘날의 테라바다(theravada) 불교는 출가 수행자의 물질적 소유를 엄격히 규제합니다. 그러나 우리나라를 비롯환 동북아시아의 대승불교는 이러한 근본적 특성과 전통을 유지하면서도 국가와 민족의 특성에 따라 변화하면서 토착화되어 왔습니다.

대승불교는 우선 사원을 소유할 뿐 아니라 걸식도 하지

않습니다. 테라바다 불교의 수행자들이 걸식을 하면서 나무 아래 앉아 명상하고 자신만의 해탈을 추구함으로써 재가신자들과 분리되는 것과는 달리, 대승불교의 수행자들은 오히려 중생들 곁으로 직접 찾아가서 그들과 함께 생활하고 고통을 나눔으로써 중생들 속에 함께 있기를 원합니다. 따라서 대승불교의 수행자들은 재물이나 금전의 소유를 두려워하지 않을 뿐만 아니라 그것의 효력을 잘 이해하고 현명하게 사용하려합니다. 다만 자신을 위한 소유가 아니라 "그것이 필요한 사람들에게로 회향하고자 하는 의미의 일시적인 관리적 소유"일 뿐입니다.

그러므로 대승불교의 수행자나 신자들은 소유물에 집착하지 말아야 합니다. 그 의미는 저 유명한 금강경의 "마땅히 머무르지 아니하며 그 마음을 내어야 한다.(應無所住以生己心)"라는 구절에서 명쾌하게 드러납니다. 이 말씀은 소유 자체를 부정하는 것이 아니라 소유하되 집착을 버림으로써 자유를 얻는다는 지혜의 가르침입니다.

진정한 무소유의 실현은 사물을 단순히 소유하지 않는 것이 아니라 사물에 대하여 집착하지 않는 것입니다. 만일 아무것도 가진 것 없이 완전한 무소유의 상태로 살지라도 소유의 욕망에 끝없이 사로잡혀 있다면 이 사람은 무소유의 삶을 사는 것이 아닙니다. 반대로 재물을 소유하고서도 그것에 집착하지 않고 널리 보시한다면, 이것이야말로 진정한 무소유의 삶을 실현하는 것입니다.

불교는 지혜와 자비의 종교이다. 지혜는 존재의 본질적 무소유를 깨닫는 일이며, 자비는 그 무소유를 실천하는 것입니다. 현대산업사회의 우리들은 무엇이든 소유하지 않고는 하루도 살 수 없습니다. 다만 우리는 그 재물이 본래 나의 것이 아니라는 사실과, 잠시 자신이 관리하는 것일 뿐 영원히 가질 수 없다는 사실을 깨달아야 합니다. 이것이 지혜입니다. 이러한 깨달음을 가진 사람이 바로 부처님의 제자입니다. 그리고 이러한 깨달음을 가진 사람만이 집착심에 사로잡히지 않을 수 있습니다. 소유에 대한 집착에서 자유로울 때 우리는 진정한 자비를 실천할 수 있는 것입니다.

우리는 소유의 확대가 행복과 비례하리라 믿지만, 불교는 소유에의 집착은 결국 불행을 초래한다고 가르칩니다. 바로 이 소유의 욕망이 자연의 파괴와 환경의 오염은 물론 사람과 사람사이의 불신 등 이루 말할 수 없는 막대한 고통을 초래하고 있음을 우리는 너무나 잘 알고 있습니다. 그칠 줄 모르는 인간의 소유욕은 인류문명을 발전시켜온 원동력이 되기도 했지만, 반면 인간을 괴롭혀 온 굴레로 작용해 온 것도 사실입니다.

인류의 역사는 인간의 소유의 욕망을 충족시키기 위한 전쟁의 기록이라 해도 좋을 것입니다. 이제 우리는 지혜의 눈으로 세계와 인간의 참모습을 깨닫는다면, 자비의 손으로 무소유의 역사를 쓸 수 있을 것입니다. 부처님의 제자들이 먼저 모범을 보여야 합니다.

지은이 / **윤 영 해**

동국대 선학과 졸업, 동 대학원 석사과정 수료. 서강대 종교학과 졸업, 동 대학원 종교학 전공(석사·박사). 현재 동국대 경주캠퍼스 불교문화대학원 전임강사. 논문으로 〈기독교와 불교의 自己否定의 의미〉〈한국에서 불교와 기독교의 만남과 그 관계 변화〉〈圭峰宗密의 佛性思想 연구〉가 있고, 역서로 《불교의 이해》, 저서로 《불교사상의 이해》(공저) 《주자의 선불교비판 연구》가 있다.

불교의 공동체윤리

2003년 5월 31일 초판 발행

지은이 / 윤영해
펴낸이 / 김병무
펴낸곳 / 불교시대사

출판등록일 / 1991년 3월 20일, 제1-1188호
(우)110-718 서울 종로구 관훈동 197-28
백상빌딩 13층 4호
전화 / (02)730-2500, 725-2800
팩스 / (02)723-5961
홈페이지 /http://www.buddhistbook.co.kr

ISBN 89-8002-085-6 03220
값 5,000원

※ 잘못된 책은 바꿔 드립니다.
※ 인지는 저자와의 협의하에 생략합니다.